동양북스 외국어
베스트 도서
700만 독자의 선택!

새로운 도서,
다양한 자료
동양북스
홈페이지에서
만나보세요!

www.dongyangbooks.com
m.dongyangbooks.com

※ 학습자료 및 MP3 제공 여부는 도서마다 상이하므로 확인 후 이용 바랍니다.

홈페이지 도서 자료실에서 학습자료 및 MP3 무료 다운로드

PC

❶ 홈페이지 접속 후 도서 자료실 클릭
❷ 하단 검색 창에 검색어 입력
❸ MP3, 정답과 해설, 부가자료 등 첨부파일 다운로드
  * 원하는 자료가 없는 경우 '요청하기' 클릭!

MOBILE

* 반드시 '인터넷, Safari, Chrome' App을 이용하여 홈페이지에 접속해주세요. (네이버,
  다음 App 이용 시 첨부파일의 확장자명이 변경되어 저장되는 오류가 발생할 수 있습니다.)

❶ 홈페이지 접속 후 ☰ 터치

❷ 도서 자료실 터치

❸ 하단 검색창에 검색어 입력
❹ MP3, 정답과 해설, 부가자료 등 첨부파일 다운로드
  * 압축 해제 방법은 '다운로드 Tip' 참고

일본어뱅크

NEW 다이스키 일본어 STEP 2
스피치 트레이닝 워크북

- **한자 연습** | 한자의 읽기와 뜻을 써 보며 한자와 친해지기
- **한일 스피치 연습** | 포인트 문법을 활용한 말하기 연습과 정답
- **Q&A 스피치 연습** | 더욱 자연스러운 일본어 말하기를 위한 응용 연습
- **가타카나 노트** | 활용도가 높은 가타카나 쓰기 연습

6

ベルト	ベルト			
べると 벨트				

ペン	ペン			
ぺん 펜				

ホテル	ホテル			
ほてる 호텔				

メール	メール			
めーる 메일				

メニュー	メニュー			
めにゅー 메뉴				

レストラ		
れすとらん 레스토랑		

ワンピース	ワ
わんぴーす 원피스	

가타카나 노트

5

パン ぱん 빵	パン			

ピアス ぴあす 귀고리	ピアス			

ピアノ ぴあの 피아노	ピアノ			

ビール びーる 맥주	ビール			

ブラウス ぶらうす 블라우스	ブラウス			

プレゼント ぷれぜんと 선물	プレゼント			

プロジェクト ぷろじぇくと 프로젝트	プロジェクト			

4

ドラマ どらま 드라마	ドラマ			

ネクタイ ねくたい 넥타이	ネクタイ			

ノート のーと 노트	ノート			

パーティー ぱーてぃー 파티	パーティー			

パイナップル ぱいなっぷる 파인애플	パイナップル			

バス ばす 버스	バス		

バナナ ばなな 바나나	バナナ		

プ
ぷ

プロジ
ぷろじぇく

일본어뱅크

NEW

일본어 기초와 말하기를 한 번에

다이스키 일본어

STEP **2**

스피치 트레이닝
워크북

동양북스

| 01과 본책 08쪽 |

▶ 다음 한자의 읽는 법과 뜻을 빈칸에 써 보세요.

예
英語	えいご	영어

1) 家族 _____ _____

2) 兄弟 _____ _____

3) 両親 _____ _____

4) 箱 _____ _____

5) 父 _____ _____

6) 母 _____ _____

7) 彼女 _____ _____

8) 紹介 _____ _____

▶ 다음 문장을 일본어로 말해 보세요.

1) 김 씨는 몇 식구입니까?

_____

2) 네 식구입니다.

_____

3) 교실 안에 의자는 몇 개 있습니까?

_____

4) 의자는 한 개밖에 없습니다.

_____

5) 책상 위에 사과가 네 개 있습니다.

_____

6) 일본인은 한 명뿐입니다.

_____

7) 교실 안에 학생이 4명 있습니다.

_____

⋯> 정답은 다음 페이지에서 확인하세요.

▶ 정답을 확인하고, 정답 문장을 소리 내어 읽으며 복습해 보세요.

1) 김 씨는 몇 식구입니까?

キムさんは 何人家族ですか。

2) 네 식구입니다.

よにん 家族です。

3) 교실 안에 의자는 몇 개 있습니까?

教室の 中に 椅子は いくつ ありますか。

4) 의자는 한 개 밖에 없습니다.

椅子は ひとつしか ありません。

5) 책상 위에 사과가 네 개 있습니다.

机の 上に りんごが よっつ あります。

6) 일본인은 한 명뿐입니다.

日本人は ひとりだけです。

7) 교실 안에 학생이 4명 있습니다.

教室の 中に 学生が よにん います。

▶ Q&A 형식으로 다양한 표현을 익히고, 자유롭게 말하기 연습을 해 보세요.

1

Q: 何人家族ですか。몇 식구입니까?

A1: 4人家族です。父と 母と 妹と 私の 4人家族です。

A2: 3人家族です。主人と 娘と 私の 3人家族です。

A3: 6人家族です。

　　　　祖父、祖母、父、母、弟、私の 6人家族です。

2

Q: 何人兄弟ですか。몇 형제입니까?

A1: 私は 一人っ子です。

A2: 弟と 私の 2人兄弟です。

A3: 兄が ふたりと 姉が ひとりの 4人兄弟です。

　　　　私は 末っ子です。

末すえっ子こ 막내

★ 妻つま 아내, 처 | 息子むすこ 아들

| 02과 본책 22쪽 |

▶ 다음 한자의 읽는 법과 뜻을 빈칸에 써 보세요.

예		
英語	えいご	영어

1) 図書館 _____ _____

2) 毎朝 _____ _____

3) 音楽 _____ _____

4) 本 _____ _____

5) 買い物 _____ _____

6) 金曜日 _____ _____

7) 本屋 _____ _____

8) 通話 _____ _____

▶ **다음 문장을 일본어로 말해 보세요.**

1) 오늘은 무엇을 합니까?

_____

2) 친구와 함께 영화를 봅니다.

_____

3) 어제는 무엇을 했습니까?

_____

ㄴ) 도서관에서 공부를 했습니다.

_____

5) 몇 시에 일어났습니까?

_____

6) 7시 10분에 일어났습니다.

_____

7) 방에서 음악을 들었습니다.

_____

· · ·〉 정답은 다음 페이지에서 확인하세요.

▶ 정답을 확인하고, 정답 문장을 소리 내어 읽으며 복습해 보세요.

1) 오늘은 무엇을 합니까?

今日は 何を しますか。

2) 친구와 함께 영화를 봅니다.

友達と 一緒に 映画を 見ます。

3) 어제는 무엇을 했습니까?

昨日は 何を しましたか。

4) 도서관에서 공부를 했습니다.

図書館で 勉強を しました。

5) 몇 시에 일어났습니까?

何時に 起きましたか。

6) 7시 10분에 일어났습니다.

7時10分に 起きました。

7) 방에서 음악을 들었습니다.

部屋で 音楽を 聞きました。

▶ Q&A 형식으로 다양한 표현을 익히고, 자유롭게 말하기 연습을 해 보세요.

1

Q: 趣味は 何ですか。 취미가 무엇입니까?

A1: 映画を 見る ことです。

A2: 趣味ですか。 別に ありませんが…。

A3: 私の 趣味は スキーを する ことです。

2

Q: 明日は 何を しますか。 내일은 무엇을 합니까?

A1: 明日は 友達に 会います。

A2: 明日から 友達と 旅行を します。 楽しみです。

A3: 明日は 休みなので、家で ゆっくり 寝ます。

別べつに 그다지, 별로 | スキーを する 스키를 타다 | 楽たのしみです 기대됩니다 | ゆっくり 寝ねる 푹 자다

★ 本ほんを 読よむ 책을 읽다 | ピアノを 弾ひく 피아노를 치다 | ゴルフを する 골프를 치다 |

スノーボードを する 스노보드를 타다 | コンサートへ 行いく 콘서트에 가다

| 03과 본책 38쪽 |

▶ 다음 한자의 읽는 법과 뜻을 빈칸에 써 보세요.

英語　　　　　えいご　　　　　　　　　영어

1) 運動 _____ _____

2) 成績 _____ _____

3) 値段 _____ _____

4) 食事 _____ _____

5) 靴 _____ _____

6) 花見 _____ _____

7) 町 _____ _____

8) 誰 _____ _____

▶ 다음 문장을 일본어로 말해 보세요.

1) 요즘 추워졌네요.

_____

2) 네, 그러네요.

_____

3) 토요일은 무엇을 했습니까?

_____

4) 백화점에 쇼핑하러 갔습니다.

_____

5) 김 씨는 일본어 선생님이 되었습니다.

_____

6) 일본의 교통은 편리해졌습니다.

_____

7) 날씨는 좋아졌습니다.

_____

· · ·〉 정답은 다음 페이지에서 확인하세요.

▶ 정답을 확인하고, 정답 문장을 소리 내어 읽으며 복습해 보세요.

1) 요즘 추워졌네요.

最近 寒く なりましたね。

2) 네, 그러네요.

ええ、そうですね。

3) 토요일은 무엇을 했습니까?

土曜日は 何を しましたか。

4) 백화점에 쇼핑하러 갔습니다.

デパートへ 買い物に 行きました。

5) 김 씨는 일본어 선생님이 되었습니다.

キムさんは 日本語の 先生に なりました。

6) 일본의 교통은 편리해졌습니다.

日本の 交通は 便利に なりました。

7) 날씨는 좋아졌습니다.

天気は よく なりました。

▶ Q&A 형식으로 다양한 표현을 익히고, 자유롭게 말하기 연습을 해 보세요.

1

Q: 昨日は 何を しましたか。 어제는 무엇을 했습니까?

A1: 公園へ 散歩に 行きました。

A2: 明日から テストなので、図書館へ 行きました。

A3: 会社の 同僚と ワインを 飲みました。
12時ごろ 家へ 帰りました。

2

Q: その 店は どう なりましたか。 그 가게는 어떻게 되었습니까?

A1: 値段が 高く なりました。

A2: 前より 有名に なりました。

A3: サービスが たいへん よく なりました。

★ 週末しゅうまつ 주말 | デパート 백화점 | 買かい物もの 쇼핑 | 食事しょくじ 식사 | 先輩せんぱい 선배 |
安やすい 싸다 | 忙いそがしい 바쁘다

| 04과 본책 50쪽 |

▶ 다음 한자의 읽는 법과 뜻을 빈칸에 써 보세요.

예		
英語	えいご	영어

1) 今度 _____ _____

2) 週末 _____ _____

3) 毎日 _____ _____

4) 来年 _____ _____

5) 簡単 _____ _____

6) 海 _____ _____

7) 場所 _____ _____

8) 性別 _____ _____

▶ **다음 문장을 일본어로 말해 보세요.**

1) 토요일은 뭔가 예정이 있습니까?

_____

2) 네, 친구와 함께 놀러 갑니다.

_____

3) 김 씨는 어디에 가고 싶습니까?

_____

4) 저는 바다에 가고 싶습니다.

_____

5) 백화점에 가방을 사러 갑시다.

_____

6) 7시에 친구를 만나러 갔습니다.

_____

7) 같이 놀러 가지 않겠습니까?

_____

···▷ 정답은 다음 페이지에서 확인하세요.

▶ 정답을 확인하고, 정답 문장을 소리 내어 읽으며 복습해 보세요.

1) 토요일은 뭔가 예정이 있습니까?

土曜日は 何か 予定が ありますか。

2) 네, 친구와 함께 놀러 갑니다.

はい、友達と 一緒に 遊びに 行きます。

3) 김 씨는 어디에 가고 싶습니까?

キムさんは どこへ 行きたいですか。

4) 저는 바다에 가고 싶습니다.

私は 海へ 行きたいです。

5) 백화점에 가방을 사러 갑시다.

デパートへ かばんを 買いに 行きましょう。

6) 7시에 친구를 만나러 갔습니다.

7時に 友達に 会いに 行きました。

7) 같이 놀러 가지 않겠습니까?

一緒に 遊びに 行きませんか。

▶ Q&A 형식으로 다양한 표현을 익히고, 자유롭게 말하기 연습을 해 보세요.

1

Q: 週末(しゅうまつ)は 何(なに)か 予定(よてい)が ありますか。 주말은 뭔가 예정이 있습니까?

A1: まだ 予定は ありませんが…。

A2: 友達(ともだち)と 一緒(いっしょ)に 映画(えいが)を 見(み)に 行(い)きます。

A3: デパートへ 買(か)い 物(もの)に 行きますが、

一緒に 行きませんか。

2

Q: 場所(ばしょ)は どこに しましょうか。 장소는 어디로 할까요?

A1: 私(わたし)は どこでも いいです。

A2: そうですね。 どこが いいでしょうか。

A3: お台場(だいば)は どうですか。

私は お台場へ 行(い)って みたいです。

どこでも 어디든지 | お台場(だいば) 오다이바 | 行(い)って みたい 가 보고 싶다

★本(ほん)を 借(か)りに 行(い)く 책을 빌리러 가다 | 旅行(りょこう) 여행 | 温泉旅館(おんせんりょかん) 온천여관 |

美術館(びじゅつかん) 미술관 | メニュー 메뉴 | 何(なに) 무엇 | 何(なん)でも 무엇이든지

한자 연습

| 05과 본책 64쪽 |

▶ 다음 한자의 읽는 법과 뜻을 빈칸에 써 보세요.

예
英語	えいご	영어

1) 漢字 _____ _____

2) 問題 _____ _____

3) 建物 _____ _____

4) 頭 _____ _____

5) 性格 _____ _____

6) 手術 _____ _____

7) 遠足 _____ _____

8) 歌 _____ _____

▶ **다음 문장을 일본어로 말해 보세요.**

1) 일본어 공부는 어떻습니까?

_____

2) 한자도 많고, 읽는 법도 어렵습니다.

_____

3) 일본어 공부는 어떻게 합니까?

_____

4) MP3를 들으면서 책을 읽습니다.

_____

5) 한자를 쓰면서 외웁니다.

_____

6) 히라가나로 쓰세요.

_____

7) 이 아파트는 방도 넓고, 집세도 싸네요.

_____

··· 〉 정답은 다음 페이지에서 확인하세요.

▶ 정답을 확인하고, 정답 문장을 소리 내어 읽으며 복습해 보세요.

1) 일본어 공부는 어떻습니까?

日本語の 勉強は どうですか。

2) 한자도 많고, 읽는 법도 어렵습니다.

漢字も 多いし、読み方も 難しいです。

3) 일본어 공부는 어떻게 합니까?

日本語の 勉強は どう しますか。

4) MP3를 들으면서 책을 읽습니다.

MP3を 聞きながら 本を 読みます。

5) 한자를 쓰면서 외웁니다.

漢字を 書きながら 覚えます。

6) 히라가나로 쓰세요.

ひらがなで 書きなさい。

7) 이 아파트는 방도 넓고, 집세도 싸네요.

この アパートは 部屋も 広いし、家賃も 安いですね。

▶ Q&A 형식으로 다양한 표현을 익히고, 자유롭게 말하기 연습을 해 보세요.

1

Q: 山田さんは どんな 人ですか。 야마다 씨는 어떤 사람이에요?

A1: やさしくて 明るい 人です。

A2: まじめで、歌が とても 上手ですよ。

A3: 顔も ハンサムだし、性格も いいし 私の タイプです。

2

Q: どう しましたか。 왜 그래요?(무슨 일이에요?)

A1: 頭が 痛いんです。薬は ありますか。

A2: カラオケで 歌を 歌いすぎました。

のどが 痛いです。

A3: この カメラの 使い方が わかりません。

薬くすり 약 | 歌うたいすぎる 노래를 많이 부르다

★ 漢字かんじ 한자 | 読よみ方かた 읽는 법 | おもちゃ 장난감 | 作つくり方かた 만드는 법

| 06과 본책 78쪽 |

▶ 다음 한자의 읽는 법과 뜻을 빈칸에 써 보세요.

예

英語 _____えいご_____ _____영어_____

1) 予定 _____ _____

2) 演劇 _____ _____

3) 宿題 _____ _____

4) 仕事 _____ _____

5) 番号 _____ _____

6) 電気 _____ _____

7) 留学 _____ _____

8) 番組 _____ _____

▶ **다음 문장을 일본어로 말해 보세요.**

1) 지금 무엇을 하고 있습니까?

_____

2) 편지를 쓰고 있습니다.

_____

3) 텔레비전을 보고 있습니다.

_____

4) 불을 켜 주세요.

_____

5) 사진을 찍어 주세요.

_____

6) 친구를 만나서 영화를 보고 커피를 마셨습니다.

_____

7) 아침 일찍 일어나서 신문을 읽고 있습니다.

_____

手紙 てがみ 편지

· · · ▷ 정답은 다음 페이지에서 확인하세요.

▶ 정답을 확인하고, 정답 문장을 소리 내어 읽으며 복습해 보세요.

1) 지금 무엇을 하고 있습니까?

今 何を して いますか。

2) 편지를 쓰고 있습니다.

手紙を 書いて います。

3) 텔레비전을 보고 있습니다.

テレビを 見て います。

4) 불을 켜 주세요.

電気を つけて ください。

5) 사진을 찍어 주세요.

写真を 撮って ください。

6) 친구를 만나서 영화를 보고 커피를 마셨습니다.

友達に 会って 映画を 見て コーヒーを 飲みました。

7) 아침 일찍 일어나서 신문을 읽고 있습니다.

朝早く 起きて 新聞を 読んで います。

▶ Q&A 형식으로 다양한 표현을 익히고, 자유롭게 말하기 연습을 해 보세요.

1

Q: 今^{いま}何^{なに}を して いますか。 지금 무엇을 하고 있습니까?

A1: 公園^{こうえん}で 写真^{しゃしん}を 撮^とって います。

A2: 音楽^{おんがく}を 聞^ききながら 運動^{うんどう}を して います。

A3: 今^{いま}宿題^{しゅくだい}を して います。

2

Q: どうして 日本語^{にほんご}を 習^{なら}って いるんですか。 왜 일본어를 배우고 있습니까?

A1: 日本^{にほん}に 留学^{りゅうがく}したいからです。

A2: ただ 趣味^{しゅみ}で 勉強^{べんきょう}して います。

A3: 日本^{にほん}の アニメが 好^すきなので、習^{なら}って います。

ただ 단지

★ 仕事^{しごと}で 必要^{ひつようだ} 일에서 필요하다 |

ドラマ 드라마 | 歌^{うた} 노래 | 芸能人^{げいのうじん} 연예인

| 07과 본책 92쪽 |

▶ 다음 한자의 읽는 법과 뜻을 빈칸에 써 보세요.

예

| 英語 | えいご | 영어 |

1) 結婚 _____ _____

2) 眼鏡 _____ _____

3) 妻 _____ _____

4) 傘 _____ _____

5) 帽子 _____ _____

6) 雨 _____ _____

7) 風 _____ _____

8) 東京 _____ _____

▶ **다음 문장을 일본어로 말해 보세요.**

1) 어디에 살고 있습니까?

_____

2) 인천에 살고 있습니다.

_____

3) 결혼했습니까?

_____

4) 네, 결혼했습니다.

_____

5) 비가 많이 오네요.

_____

6) 우산을 갖고 있습니까?

_____

7) 안경을 쓰고 있습니다.

_____

⋯⟩ 정답은 다음 페이지에서 확인하세요.

▶ 정답을 확인하고, 정답 문장을 소리 내어 읽으며 복습해 보세요.

1) 어디에 살고 있습니까?

どこに 住んで いますか。

2) 인천에 살고 있습니다.

インチョンに 住んで います。

3) 결혼했습니까?

結婚して いますか。

4) 네, 결혼했습니다.

はい、結婚して います。

5) 비가 많이 오네요.

雨が たくさん 降って いますね。

6) 우산을 갖고 있습니까?

傘を 持って いますか。

7) 안경을 쓰고 있습니다.

眼鏡を かけて います。

▶ Q&A 형식으로 다양한 표현을 익히고, 자유롭게 말하기 연습을 해 보세요.

1

Q: どこに 住んで いますか。 어디에 살고 있습니까?

A1: 東京に 住んで います。

A2: 駅から 歩いて 10分の 所です。

A3: 福岡に 住んで います。

福岡は 韓国から 飛行機で 1時間ぐらいです。

2

Q: 雨が たくさん 降って いますね。 비가 많이 오네요.

A1: そうですね。傘を 持って いますか。

A2: でも、午後から 晴れるそうです。

A3: それに 風も 強いですね。

私の 車で 行きましょう。

でも 하지만, 그렇지만 | 晴はれる 맑다, 개다 | [동사원형] + そうです ~라고 합니다 |

それに 게다가 | 強つよい 세다, 강하다

★ 車くるまで 차로 | 自転車じてんしゃで 자전거로 | 電車でんしゃで 전철로 | 止やむ 그치다, 멈추다

| 08과 본책 104쪽 |

▶ 다음 한자의 읽는 법과 뜻을 빈칸에 써 보세요.

예

| 英語 | えいご | 영어 |

1) 家賃　＿＿＿＿＿＿＿＿＿　＿＿＿＿＿＿＿＿＿

2) 所　＿＿＿＿＿＿＿＿＿　＿＿＿＿＿＿＿＿＿

3) 時間　＿＿＿＿＿＿＿＿＿　＿＿＿＿＿＿＿＿＿

4) 以上　＿＿＿＿＿＿＿＿＿　＿＿＿＿＿＿＿＿＿

5) 風呂　＿＿＿＿＿＿＿＿＿　＿＿＿＿＿＿＿＿＿

6) 一日中　＿＿＿＿＿＿＿＿＿　＿＿＿＿＿＿＿＿＿

7) 妹　＿＿＿＿＿＿＿＿＿　＿＿＿＿＿＿＿＿＿

8) 弟　＿＿＿＿＿＿＿＿＿　＿＿＿＿＿＿＿＿＿

▶ **다음 문장을 일본어로 말해 보세요.**

1) 여기에서 사진을 찍어도 됩니까?

_____

2) 네, 찍어도 됩니다.

_____

3) 여기에서 담배를 피워도 됩니까?

_____

4) 아니요, 피우면 안 됩니다.

_____

5) 하루종일 잠만 자고 있습니다.

_____

6) 술을 마시고 운전해서는 안 됩니다.

_____

7) 여기에서 사진을 찍으면 안 됩니다.

_____

··· 〉 정답은 다음 페이지에서 확인하세요.

▶ 정답을 확인하고, 정답 문장을 소리 내어 읽으며 복습해 보세요.

1) 여기에서 사진을 찍어도 됩니까?

ここで 写真を 撮っても いいですか。

2) 네, 찍어도 됩니다.

はい、撮っても いいです。

3) 여기에서 담배를 피워도 됩니까?

ここで たばこを 吸っても いいですか。

4) 아니요, 피우면 안 됩니다.

いいえ、吸っては いけません。

5) 하루종일 잠만 자고 있습니다.

一日中 寝てばかり います。

6) 술을 마시고 운전해서는 안 됩니다.

お酒を 飲んで 運転しては いけません。

7) 여기에서 사진을 찍으면 안 됩니다.

ここで 写真を 撮っては いけません。

▶ Q&A 형식으로 다양한 표현을 익히고, 자유롭게 말하기 연습을 해 보세요.

1

Q: ここで 写真を 撮っても いいですか。 여기에서 사진을 찍어도 됩니까?

A1: ええ、 いいですよ。

A2: はい、 撮っても かまいません。

A3: いいえ、 撮っては いけません。
　　　気を つけて ください。

2

Q: あの 人は 運動して 10キロも やせましたよ。
　　　저 사람은 운동해서 10키로나 빠졌습니다.

A1: えー、 うらやましいです。

A2: えー、 ほんとうに？
　　　私も 今日から ダイエットします。

A3: 私も 運動したいんですが、 時間が あまり ありません。

気きを つけて ください 주의하세요, 조심하세요 | ダイエット 다이어트

★ 窓まどを 開あける 창문을 열다 | 入はいる 들어가다 | 水泳すいえいを する 수영을 하다 |
　ジムに 通かよう 체육관(짐)에 다니다

| 09과 본책 116쪽 |

▶ 다음 한자의 읽는 법과 뜻을 빈칸에 써 보세요.

예		
英語	えいご	영어

1) 小説 _____ _____

2) 表現 _____ _____

3) 美術館 _____ _____

4) 電話 _____ _____

5) 会話 _____ _____

6) 飛行機 _____ _____

7) 最初 _____ _____

8) 手紙 _____ _____

▶ 다음 문장을 일본어로 말해 보세요.

1) 일본에 간 적이 있습니까?

_____

2) 네, 한 번 있습니다.

_____

3) 아니요. 한 번도 없습니다.

_____

4) 어디에 가는 편이 좋습니까?

_____

5) 공원에 가는 편이 좋습니다.

_____

6) 편지보다 전화를 하는 편이 좋습니다.

_____

7) 일본어를 배운 지 얼마 안 됐습니다.

_____

···> 정답은 다음 페이지에서 확인하세요.

▶ 정답을 확인하고, 정답 문장을 소리 내어 읽으며 복습해 보세요.

1) 일본에 간 적이 있습니까?

日本へ 行った ことが ありますか。

2) 네, 한 번 있습니다.

はい、一度 あります。

3) 아니요. 한 번도 없습니다.

いいえ、一度も ありません。

4) 어디에 가는 편이 좋습니까?

どこへ 行った 方が いいですか。

5) 공원에 가는 편이 좋습니다.

公園へ 行った 方が いいです。

6) 편지보다 전화를 하는 편이 좋습니다.

手紙より 電話を した 方が いいです。

7) 일본어를 배운 지 얼마 안 됐습니다.

日本語を 習った ばかりです。

▶ Q&A 형식으로 다양한 표현을 익히고, 자유롭게 말하기 연습을 해 보세요.

1

Q: 日本へ 行った ことが ありますか。 일본에 간 적이 있습니까?

A1: はい、一度 あります。

A2: いいえ、一度も ありません。

A3: はい、2年前に 行った ことが あります。
食べ物も おいしかったし、景色も きれいでした。

2

Q: 調子が 悪いです。 컨디션이 안 좋습니다.

どうしたら いいですか。 어떻게 하는게 좋습니까?

A1: ゆっくり 休んだ 方が いいです。

A2: 病院へ 行った 方が いいです。

A3: 薬を 飲んだ 方が いいです。

景色けしき 경치 | 薬くすりを 飲のむ 약을 먹다

★ 中国ちゅうごく 중국 | アメリカ 미국 | フランス 프랑스 |

早はやく 家うちへ 帰かえる 일찍 집에 돌아가다

| 10과 본책 130쪽 |

▶ 다음 한자의 읽는 법과 뜻을 빈칸에 써 보세요.

<table>
<tr><td>예</td></tr>
<tr><td>英語</td><td>えいご</td><td>영어</td></tr>
</table>

1) 香水 _____ _____

2) 便利 _____ _____

3) 行動 _____ _____

4) 約束 _____ _____

5) 感動 _____ _____

6) 同僚 _____ _____

7) 朝食 _____ _____

8) 恋人 _____ _____

▶ **다음 문장을 일본어로 말해 보세요.**

1) 한가할 때는 무엇을 합니까?

_____

2) 산에 가기도 하고 친구와 영화를 보기도 합니다.

_____

3) 내일 후지산에 갑니다.

_____

4) 그렇습니까? 내일은 비가 올지도 모릅니다.

_____

5) '친구'라는 영화를 본 적이 있습니까?

_____

6) 내일은 눈이 올지도 모릅니다.

_____

7) 집 앞을 왔다갔다합니다.

_____

雪ゆき 눈

⋯▷ 정답은 다음 페이지에서 확인하세요.

▶ 정답을 확인하고, 정답 문장을 소리 내어 읽으며 복습해 보세요.

1) 한가할 때는 무엇을 합니까?

　　暇な 時は 何を しますか。

2) 산에 가기도 하고 친구와 영화를 보기도 합니다.

　　山へ 行ったり 友達と 映画を 見たり します。

3) 내일 후지산에 갑니다.

　　明日 富士山へ 行きます。

4) 그렇습니까? 내일은 비가 올지도 모릅니다.

　　そうですか。明日は 雨が 降るかも しれません。

5) '친구'라는 영화를 본 적이 있습니까?

　　「友達」と いう 映画を 見た ことが ありますか。

6) 내일은 눈이 올지도 모릅니다.

　　明日は 雪が 降るかも しれません。

7) 집 앞을 왔다 갔다 합니다.

　　家の 前を 行ったり 来たり します。

▶ Q&A 형식으로 다양한 표현을 익히고, 자유롭게 말하기 연습을 해 보세요.

1

Q: 暇な 時は 何を しますか。 한가할 때는 무엇을 합니까?

A1: 本を 読んだり 友達と 遊んだり します。

A2: 掃除を したり 音楽を 聞いたり します。

A3: 前は 映画を 見たり ドライブを したり しましたが、

最近は 忙しくて…。

2

Q: 明日から 旅行ですが、雨が 降るかも しれません。
내일부터 여행인데, 비가 올지도 모릅니다.

どう しますか。 어떻게 할 거예요?

A1: 私は かまいません。

A2: だいじょうぶです。

私は 雨が 降っても 行きます。

A3: そうですか。じゃ、キャンセルした 方が いいかも しれませんね。

掃除そうじ 청소 │ ドライブ 드라이브 │ かまいません 상관없습니다 │

だいじょうぶだ 괜찮다 │ キャンセル 취소

★ 雪ゆきが 降ふる 눈이 내리다 │ 台風たいふうが 来くる 태풍이 오다

가타카나 노트

1

アパート あぱーと 아파트	アパート			

アメリカ あめりか 미국	アメリカ			

インタビュー いんたびゅー 인터뷰	インタビュー			

カメラ かめら 카메라	カメラ			

カラオケ からおけ 노래방	カラオケ			

ギター ぎたー 기타	ギター			

コーヒー こーひー 커피	コーヒー			

2

サービス さーびす 서비스	サービス			

スーツ すーつ 양복	スーツ			

スカート すかーと 스커트	スカート			

スニーカー すにーかー 스니커즈	スニーカー			

スポーツクラブ すぽーつくらぶ 스포츠클럽	スポーツ クラブ			

ズボン ずぼん 바지	ズボン			

セーター せーたー 스웨터	セーター			

3

タクシー	タクシー			
たくしー 택시				

デート	デート			
でーと 데이트				

デザイン	デザイン			
でざいん 디자인				

テスト	テスト			
てすと 시험				

デパート	デパート			
でぱーと 백화점				

テレビ	テレビ			
てれび 텔레비전				

ドア	ドア			
どあ 문				

4

ドラマ どらま 드라마	ドラマ			

ネクタイ ねくたい 넥타이	ネクタイ			

ノート のーと 노트	ノート			

パーティー ぱーてぃー 파티	パーティー			

パイナップル ぱいなっぷる 파인애플	パイナップル			

バス ばす 버스	バス			

バナナ ばなな 바나나	バナナ			

가타카나 노트

5

パン ぱん 빵	パン			

ピアス ぴあす 귀고리	ピアス			

ピアノ ぴあの 피아노	ピアノ			

ビール びーる 맥주	ビール			

ブラウス ぶらうす 블라우스	ブラウス			

プレゼント ぷれぜんと 선물	プレゼント			

プロジェクト ぷろじぇくと 프로젝트	プロジェクト			

6

ベルト べると 벨트	ベルト			

ペン ぺん 펜	ペン			

ホテル ほてる 호텔	ホテル			

メール めーる 메일	メール			

メニュー めにゅー 메뉴	メニュー			

レストラン れすとらん 레스토랑	レストラン			

ワンピース わんぴーす 원피스	ワンピース			

 # 워크북의 구성과 활용 방법

한자 연습 | Kanji Drill

한자의 읽기와 뜻을 복습하기 위한 연습입니다. 본책에서 학습한 한자 단어와, 일본어 주요 한자의 읽는 법과 뜻을 써 보며 한자와 친해져 보세요.

한일 스피치 연습과 정답 | Speech Practice 1 & Answer

각 과의 중요한 포인트 문법과 표현들을 활용한 말하기 연습입니다. 본책에서 학습하지 않은 단어들은 힌트로 제시해 두었으며, 빈칸을 활용하여 작문 연습으로도 활용할 수 있습니다.

Q&A 스피치 연습 | Speech Practice 2

더욱 자연스러운 일본어 말하기를 위한 응용 연습입니다. 하나의 질문과 세 개의 대답 문장으로 구성되어 있습니다. 자연스럽게 바로 일본어로 말하고 답할 수 있도록 별도의 해석이 달려 있지 않습니다. 아래에 정리된 단어를 보면서 스스로 해석해 보세요. 또한 주어진 응용 단어들을 활용한 말하기 연습을 통해 말하기 실력을 쌓을 수 있습니다.

가타카나 노트 | Katakana Note

활용도가 높은 가타카나 단어들을 모아 두었습니다. 실생활에서 자주 쓰이는 가타카나 단어를 쓰면서 익혀 보세요.

일본어뱅크

NEW

일본어 기초와 말하기를 한 번에

다이스키 일본어

STEP **2**

스피치 트레이닝
워크북

- 한자 연습
- 한일 스피치 연습
- Q&A 스피치 연습
- 가타카나 노트

NEW

일본어 기초와 말하기를 한 번에

다이스키 일본어

STEP 2

문선희·나카야마 다쓰나리·정희순·박영숙 지음

동양북스

일본어뱅크

NEW 일본어 기초와 말하기를 한 번에

다이스키
일본어 STEP 2

초판 6쇄 | 2024년 7월 1일

지은이 | 문선희, 나카야마 다쓰나리, 정희순, 박영숙
발행인 | 김태웅
책임 편집 | 길혜진, 이서인
디자인 | 남은혜, 김지혜
마케팅 총괄 | 김철영
온라인 마케팅 | 김은진
제 작 | 현대순

발행처 | (주)동양북스
등 록 | 제 2014-000055호
주 소 | 서울시 마포구 동교로22길 14 (04030)
구입 문의 | 전화 (02)337-1737 팩스 (02)334-6624
내용 문의 | 전화 (02)337-1762 dybooks2@gmail.com

ISBN 979-11-5768-488-5 14730
      979-11-5768-486-1 (세트)

『NEW 다이스키 일본어』를 펴내면서 열정적으로 수업에 임했던 제 모습과 사랑하는 가족, 그리고 열정과 에너지의 원천이 되어 주는 학생들의 얼굴이 머릿속에 스쳐갑니다. 일본어를 가르치면서 느끼는 것은 일본어는 정말 매력 있는 언어라는 사실입니다. 외국어를 공부하는 것에 흥미를 갖고, 효과적인 방법을 통해 배운 내용을 꾸준히 연습한다면 실전에서 바로바로 꺼내 쓸 수 있는 유용한 언어가 될 것입니다.

이 교재는 실제 제가 일본어를 가르치는 현장에서 쌓은 경험을 바탕으로 학생들이 쉽게 이해하는 부분과 어려워하는 부분들을 자세히 분석하고 연구한 내용을 담고 있습니다. 그리고 기존의 '다이스키 시리즈'가 대학과, 학원 등에서 많은 사랑을 받았기에 『NEW 다이스키 일본어』를 통해 배운 내용을 바로 회화에서 활용할 수 있도록 본 교재와 워크북을 통해 말하기 부분을 추가하였습니다.

첫째, '독해·작문' 파트 중 '읽어 봅시다!' 부분은 원칙적으로 띄어쓰기가 없는 일본어 문장을 보고 자연스럽게 읽고 해석할 수 있는 능력을 향상시킬 수 있도록 하였습니다. '써 봅시다!' 부분에서는 수업 중 따라 하고 읽기는 하지만 직접 쓰는 것까지 체크하기에는 시간이 부족했던 점을 고려하여 각 과의 포인트 문장을 쓰고 말할 수 있도록 구성하였습니다.

둘째, '한자 연습' 파트 중 '한자 즐기기' 부분에서는 학생들이 가장 어려워하는 한자를 재미있게 활용하여 한자에 대한 부담을 줄이고, 기본이 되는 한자에 다른 한자를 붙여 학생들의 한자 지식을 넓힐 수 있도록 하였습니다.

셋째, '회화 플러스' 파트에서는 본문 이외의 응용할 수 있는 회화 표현들을 중심으로 다뤘으며, 주요 회화 내용과 최신 어휘를 추가하여 일본어를 자연스럽게 받아들일 수 있도록 하였습니다.

아무쪼록 이 책을 학습하는 여러분께 좋은 효과와 발전이 있기를 바라고 교재를 위해 많은 도움을 주신 동양북스 관계자분들을 비롯한 많은 분들께 감사 드립니다. 또한 꾸준히 다이스키 일본어 시리즈를 애용해 주시는 많은 분들께 감사의 말을 전하며 마지막으로 일본어를 통해 만나 열정을 갖게 해 준 우리 학생들에게 감사의 마음을 담아 이 교재를 바치고 싶습니다.

저자 일동

차례

이 책의 구성과 학습법

포인트 스피치

각 과의 주제와 관련된 내용을 스피치 형식으로 표현했습니다. 학습을 시작하기 전에 각 과의 학습 목표와 포인트 문법을 미리 살펴보고, 학습을 마친 후에는 일본어로 문장을 바꾸어 말해 보며 학습 성취도를 확인할 수 있습니다.

기본 회화

실생활에서 유용하게 쓰이는 문법과 주요 표현들을 단어 설명과 함께 실었습니다. 내용을 듣고 억양과 발음에 주의해서 반복 학습하면 좋은 효과를 얻을 수 있습니다.

문법 포인트

각 과에서 다루는 포인트 문법으로, 문법에 관한 예문들을 다양하게 실었습니다. 우리말 해설이 없으므로 아래의 [낱말과 표현]을 참고하면서 공부하세요.

패턴 연습

문법 포인트에서 다룬 내용을 응용해 보는 페이지입니다. 다양한 단어와 화제를 바탕으로 문형을 연습하도록 합시다.

독해·작문

원래 일본어는 띄어쓰기가 없습니다. 다른 페이지는 학습 편의상 띄어쓰기가 되어 있지만, '읽어 봅시다'에서는 띄어쓰기 없는 문장을 연습하여 실력을 높일 수 있도록 하였습니다. 작문은 각 과를 배우고 난 후 주요 문법을 최종적으로 점검하는 페이지입니다. 우리말을 보고 일본어 문장으로 바꿔 보세요.

한자 연습

한자를 단어 그대로 외우기보다는 한자 하나를 가지고 몇 개의 단어를 만들 수 있다는 것을 보여 주어 응용력을 높여 줍니다. 또, 중요 한자를 직접 써 볼 수 있게 하였습니다.

듣기 연습

너무 복잡하지 않으면서, 본문과 문법 포인트에서 다룬 내용을 중심으로 구성된 듣기 연습 문제입니다.

회화 플러스

본문에서 다룬 회화 표현 이외의 응용 회화로 기초 단계에서 회화의 자신감을 키워 줍니다.

쉬어가기

일본어를 공부하면서 알아 두면 좋을 일본의 정보들을 실었습니다. 한 과의 학습이 끝나고 가볍게 읽어 보면서 일본어와 더불어 일본이라는 나라에 대해서도 더 깊이 알 수 있습니다.

01 何人家族ですか。
<ruby>何人<rt>なんにん</rt></ruby><ruby>家族<rt>か ぞく</rt></ruby>

몇 식구입니까?

포인트 스피치 🎵 Track 01

" 저는 아빠와 엄마와 형과 남동생과 나, 다섯 식구입니다.
저는 삼 형제이고, 남동생은 한 명밖에 없습니다.
형도 한 명뿐입니다.
형은 회사원이고 남동생은 대학생입니다.

<ruby>私<rt>わたし</rt></ruby>は <ruby>父<rt>ちち</rt></ruby>と <ruby>母<rt>はは</rt></ruby>と <ruby>兄<rt>あに</rt></ruby>と <ruby>弟<rt>おとうと</rt></ruby>と <ruby>私<rt>わたし</rt></ruby>の <ruby>5人家族<rt>ご にん か ぞく</rt></ruby>です。

<ruby>私<rt>わたし</rt></ruby>は <ruby>3人兄弟<rt>さん きょうだい</rt></ruby>で、<ruby>弟<rt>おとうと</rt></ruby>は <ruby>一人<rt>ひとり</rt></ruby>しか いません。

<ruby>兄<rt>あに</rt></ruby>も <ruby>一人<rt>ひとり</rt></ruby>だけです。

<ruby>兄<rt>あに</rt></ruby>は <ruby>会社員<rt>かいしゃいん</rt></ruby>で、<ruby>弟<rt>おとうと</rt></ruby>は <ruby>大学生<rt>だいがくせい</rt></ruby>です。"

Track 02

キム	木村さんは 何人家族ですか。 （きむら）（なんにんかぞく）
木村	6人家族です。 （ろく）
キム	何人兄弟ですか。 （きょうだい）
木村	4人兄弟です。兄が 二人と、妹が 一人 います。 （よ）（あに）（ふたり）（いもうと）（ひとり） キムさんは 何人家族ですか。
キム	家族は 3人しか いません。両親と 私の 3人だけです。 （さん）（りょうしん）（わたし）
木村	それじゃ、キムさんは 一人っ子ですね。 （ひとり）（こ）
キム	はい、そうです。木村さんは 兄弟が 多いですね。 （おお）
木村	ええ、4人も いるので、車と 自転車が 2台ずつ あります。 （くるま）（じてんしゃ）（だい）

何人なんにん 몇 명 | 家族かぞく 가족 | 6人ろくにん 여섯 명 | 兄弟きょうだい 형제 | 4人よにん 네 명 |

〜と 〜와(과) | 〜しか いません 〜밖에 없습니다 (부정) | 両親りょうしん 부모, 양친 | 〜だけ 〜뿐, 〜만 |

一人ひとりっ子こ 독자, 외동이 | 多おおい 많다 | 〜も 〜(이)나, 〜도 | 〜ので 〜(이)니까, 〜(이)기 때문에 |

車くるま 차 | 自転車じてんしゃ 자전거 | 〜台だい 〜대 (자동차, 자전거 등을 세는 조수사) | 〜ずつ 〜씩

1 가족 관계

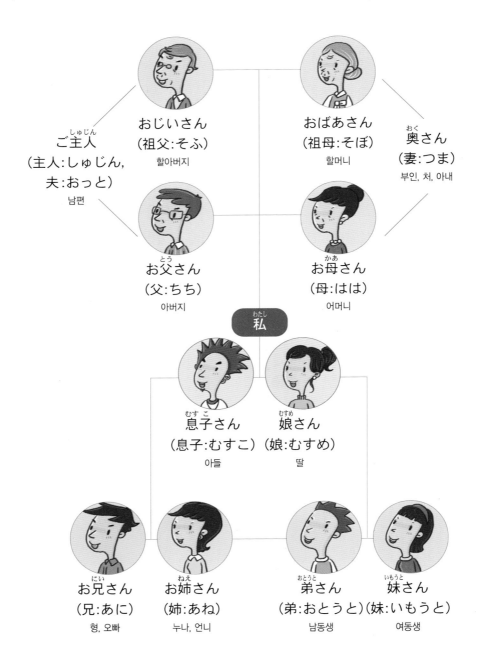

おじいさん
(祖父:そふ)
할아버지

おばあさん
(祖母:そぼ)
할머니

ご主人
(主人:しゅじん,
夫:おっと)
남편

奥さん
(妻:つま)
부인, 처, 아내

お父さん
(父:ちち)
아버지

お母さん
(母:はは)
어머니

私

息子さん
(息子:むすこ)
아들

娘さん
(娘:むすめ)
딸

お兄さん
(兄:あに)
형, 오빠

お姉さん
(姉:あね)
누나, 언니

弟さん
(弟:おとうと)
남동생

妹さん
(妹:いもうと)
여동생

호칭	내 가족을 남에게 말할 때	남의 가족을 부를 때	나의 가족을 부를 때
할아버지	祖父 (そ ふ)	おじいさん	おじいさん
할머니	祖母 (そ ぼ)	おばあさん	おばあさん
아버지	父 (ちち)	お父さん (とう)	お父さん (とう)
어머니	母 (はは)	お母さん (かあ)	お母さん (かあ)
형·오빠	兄 (あに)	お兄さん (にい)	お兄さん (にい)
누나·언니	姉 (あね)	お姉さん (ねえ)	お姉さん (ねえ)
남동생	弟 (おとうと)	弟さん (おとうと)	이름
여동생	妹 (いもうと)	妹さん (いもうと)	이름

2 조수사 (사람·개수)

箱の 中に りんごが いつつ あります。
(はこ) (なか)

学校の 前に 女の人が 二人 います。
(がっこう) (まえ) (おんな) (ひと) (ふたり)

山田さんは お姉さんが 一人、お兄さんが 二人 います。
(やま だ) (ひとり)

箱はこ 상자 | 中なか 안, 속 | りんご 사과 | 前まえ 앞 | 女おんなの人ひと 여자

문법 포인트

3 **〜しか いません(ありません)** 　〜밖에 없습니다

〜だけです 　〜뿐입니다

〜しか いません(ありません)	〜だけです
예1 男の人は ひとりしか いません。	예1 男の人は ひとりだけです。
예2 お金は 1000円しか ありません。	예2 お金は 1000円だけです。
예3 机は ひとつしか ありません。	예3 机は ひとつだけです。

u **〜ので** 　〜(이)니까, 〜(이)기 때문에

① 명사 + なので

예 今日は 休みなので、田中さんは 家に いるでしょう。

② な형용사 : だ + なので

예 ここは 交通が 便利なので、家賃が 高いです。

③ い형용사 + ので

예 お金が あまり ないので、大変です。

④ 동사 + ので

예 明日は 大事な 約束が あるので、無理です。

男おとこの 人ひと 남자 | お金かね 돈 | 机つくえ 책상 | 休やすみ 휴식, 휴일 | 家うち/いえ 집 |

交通こうつう 교통 | 家賃やちん 집세 | 大変たいへんだ 힘들다 | 大事だいじだ 중요하다 |

約束やくそく 약속 | 無理むりだ 무리이다

조수사 정리

예 **~人(にん)**

| ひとり | ふたり | さんにん | よにん | ごにん |
| ろくにん | しちにん | はちにん | きゅうにん | じゅうにん |

예 **~개**

| ひとつ | ふたつ | みっつ | よっつ | いつつ |
| むっつ | ななつ | やっつ | ここのつ | とお |

예 **~枚(まい)**

| いちまい | にまい | さんまい | よんまい | ごまい |
| ろくまい | ななまい | はちまい | きゅうまい | じゅうまい |

예 **~匹(ひき)**

| いっぴき | にひき | さんびき | よんひき | ごひき |
| ろっぴき | ななひき | はっぴき | きゅうひき | じゅっぴき |

예 **~杯(はい)**

| いっぱい | にはい | さんばい | よんはい | ごはい |
| ろっぱい | ななはい | はっぱい | きゅうはい | じゅっぱい |

예 **~本(ほん)**

| いっぽん | にほん | さんぼん | よんほん | ごほん |
| ろっぽん | ななほん | はっぽん | きゅうほん | じゅっぽん |

예 **~階(かい)**

| いっかい | にかい | さんがい | よんかい | ごかい |
| ろっかい | ななかい | はっかい | きゅうかい | じゅっかい |

예 **~台(だい)**

| いちだい | にだい | さんだい | よんだい | ごだい |
| ろくだい | ななだい | はちだい | きゅうだい | じゅうだい |

패턴 연습

1.

보기

つくえ うえ
机・上・りんご

→ 机の 上に りんごが ふたつ あります。

1)

い す した しんぶん
椅子・下・新聞

→ _____。

2)

さら うえ
皿・上・かき

→ _____。

3)

つくえ うえ えんぴつ
机・上・鉛筆

→ _____。

ц)

しょくどう なか ひと
食堂・中・人

→ _____。

机つくえ 책상 | りんご 사과 | 椅子いす 의자 | 新聞しんぶん 신문 | 皿さら 접시 | かき 감 |

鉛筆えんぴつ 연필 | 食堂しょくどう 식당 | 人ひと 사람

2.

1)

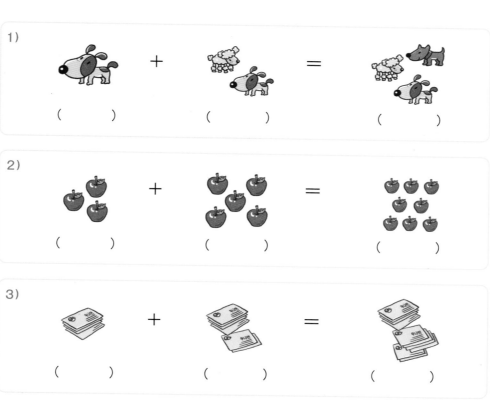

2)

3)

ц)

독해·작문

읽어 봅시다!

 Track 03

私_{わたし}の家族_{かぞく}を紹介_{しょうかい}します。父_{ちち}と母_{はは}と兄_{あに}と私の4人_{よにん}家族です。

父は５８歳_{ごじゅうはっさい}で、医者_{いしゃ}です。父は背_せが高_{たか}くてハンサムです。

母は５５歳_{ごじゅうご}で、主婦_{しゅふ}です。とてもきれいで、優_{やさ}しいです。

兄は３０歳_{さんじゅっさい}で、銀行員_{ぎんこういん}です。頭_{あたま}がよくてまじめです。

兄は彼女_{かのじょ}が日本人_{にほんじん}なので、日本語_{にほんご}が上手_{じょうず}です。

紹介_{しょうかい} 소개 | します 합니다 | 医者_{いしゃ} 의사 | 背_せが 高_{たか}い 키가 크다 |

ハンサムだ 잘생기다 | 主婦_{しゅふ} 주부 | 優_{やさ}しい 자상하다, 상냥하다 | 銀行員_{ぎんこういん} 은행원 |

頭_{あたま}が いい 머리가 좋다 | まじめだ 성실하다 | 彼女_{かのじょ} 그녀, 여자 친구 | 上手_{じょうず}だ 잘하다

일본어로 써 봅시다!

1. 책상 위에 사과가 네 개 있습니다.

_____

2. 의자는 한 개밖에 없습니다.

_____

3. 교실 안에 학생이 네 명 있습니다.

_____

정답 1. 机（つくえ）の 上（うえ）に りんごが よっつ あります。
2. 椅子（いす）は ひとつしか ありません。
3. 教室（きょうしつ）の 中（なか）に 学生（がくせい）が 4人（よにん）います。

한자 즐기기

かい しゃ 会社 회사	かい ちょう 会長 회장 しゃ ちょう 社長 사장 →	
ぜん ぶ 全部 전부	ぶ ちょう 部長 부장 →	ちょう 長
がっ こう 学校 학교	こう ちょう 校長 교장 →	장
だい がく いん 大学院 대학원	いん ちょう 院長 원장 →	

써 봅시다!

か ぞく 家族 가족	家族			
きょう だい 兄弟 형제	兄弟			
りょう しん 両親 부모, 양친	両親			
はこ 箱 상자	箱			
ちち 父 아버지	父			
はは 母 어머니	母			

듣기 연습

A. 야마다 씨의 가족을 바르게 설명한 것은 어느 것인지 고르세요.

 Track 04

1)

2)

3)

4)

정답 (   )

B. 내용을 듣고 일치하면 ○, 일치하지 않으면 ×를 넣으세요.

 Track 05

1)

(   )

2)

(   )

3)

(   )

4)

(   )

회화 플러스

1. 가족 수

 Track 06

→ **何人家族ですか。**
（なんにん か ぞく）

몇 식구입니까?

예 何人家族ですか。 몇 식구입니까?

→ 父と 母と 姉と 妹と 私の 5人家族です。
（ちち）（はは）（あね）（いもうと）（わたし）

아빠와 엄마와 누나와 여동생과 나, 다섯 식구입니다.

| 아래 낱말을 써서 밑줄 친 부분과 바꿔서 말해보세요. |

祖父そふ 할아버지 | 祖母そぼ 할머니 | 兄あに 형, 오빠 | 弟おとうと 남동생 | 夫おっと 남편 | 妻つま 처 |

息子むすこ 아들 | 娘むすめ 딸

2. 혈액형

→ **血液型は 何型ですか。**
（けつえきがた）（なにがた）

혈액형이 뭡니까?

예 血液型は 何型ですか。 혈액형이 뭡니까?

→ B型です。 B형입니다.

| 아래 낱말을 써서 밑줄 친 부분과 바꿔서 말해보세요. |

A型がた A형 | O型がた O형 | AB型がた AB형

쉬어가기

● 도쿄의 번화가

　도쿄 하면 바로 '신주쿠(新宿)'를 많이 떠올릴 것입니다. 신주쿠는 도쿄 최대의 번화가로 비즈니스, 쇼핑, 교통의 중심지이며, '가부키쵸(歌舞伎町)'라는 유흥의 거리로도 유명합니다.

　신주쿠는 크게 동쪽과 서쪽으로 나뉘는데, 동쪽 '히가시신주쿠(東新宿)'는 젊은이들의 거리로 쇼핑과 유흥을 즐길 수 있고, 서쪽 '니시신주쿠(西新宿)'는 오피스 타운으로 고층 빌딩과 호텔들이 밀집해 있습니다. 호텔 스카이라운지에서 즐기는 야경 역시 신주쿠의 명물이라 할 수 있습니다.

니시신주쿠 ▶

▲ 가부키쵸

　도쿄에서 젊은이들의 거리라 하면 '하라주쿠(原宿)'와 '시부야(渋谷)'를 빼놓을 수 없습니다. 이 두 지역은 서로 인접해 있으며 신주쿠와 함께 도쿄의 중심을 순환하는 야마노테센(山手線)으로 연결되어 있습니다.

신주쿠　　　요요기　　　하라주쿠　　　시부야

　하라주쿠의 중심 거리인 '다케시타도리(竹下通り)'는 약 400m의 좁은 골목으로, 골목 양 옆으로 많은 패션 숍과 음식점이 있어 항상 인산인해를 이루고 있습니다.

다케시타도리 ▶

하라주쿠에서 시부야까지는 '메이지도리(明治通り)'를 통해 연결되어 있는데, 이 메이지도리 역시 일본과 해외의 여러 브랜드숍이 자리 잡고 있는 유명한 쇼핑 거리입니다.

시부야 역에는 '하치코(ハチ公)'라는 충견 하치의 동상이 있는데, 하치코 동상 앞은 만남의 장소로 매우 유명합니다.

◀ 하치코 동상

시부야는 여러 백화점은 물론 대형 쇼핑몰과 레스토랑이 밀집되어 있어 신주쿠, 이케부쿠로와 더불어 도쿄의 3대 번화가에 속합니다. 시부야에서 유명한 '스크램블 교차로(スクランブル 交差点)'는 신호가 바뀌면 차들이 모두 멈추고 보행자가 한번에 길을 건너는 장관이 펼쳐지는데, 이 장관을 볼 수 있는 위치에 자리한 한 커피 전문점은 창가 자리를 잡기 위한 줄이 끊이지 않는다고 합니다.

스크램블 교차로 ▶

02

友達と 一緒に 映画を 見ます。

친구와 함께 영화를 봅니다.

포인트 스피치 Track 07

" 오늘은 여동생의 생일이기 때문에 가족과 파티를 합니다.

어제는 엄마와 함께 여동생의 구두와 가방을 샀습니다.

파티 후에는 영화관에서 함께 영화를 볼 겁니다.

今日は 妹の 誕生日なので、家族と パーティーを します。

昨日は 母と 一緒に 妹の 靴と かばんを 買いました。

パーティーの 後は 映画館で 一緒に 映画を 見ます。 "

🎵 Track 08

キム	青木(あおき)さん、昨日(きのう)は 何(なに)を しましたか。
青木	図書館(としょかん)で 勉強(べんきょう)を しました。キムさんは？
キム	田中(たなか)さんの 誕生日(たんじょうび)パーティーへ 行(い)きました。
青木	今日(きょう)は 何を しますか。
キム	友達(ともだち)と 一緒(いっしょ)に 映画(えいが)を 見(み)ます。青木さんは 何を しますか。
青木	私(わたし)は 今日も 勉強を します。
	金曜日(きんようび)に 英語(えいご)の インタビューテストが あります。
キム	そうですか。

昨日きのう 어제 | 何なに 무엇 | します 합니다 (과거 : しました) | 図書館としょかん 도서관 |

[장소]＋で (장소)에서 | 勉強べんきょう 공부 | 誕生日たんじょうびパーティー 생일 파티 | ～へ[e] ～에 |

行いく 가다 (과거 : 行きました) | 友達ともだち 친구 | ～と 一緒いっしょに ～와(과) 함께 | ～も ～도, ～(이)나 |

金曜日きんようび 금요일 | 英語えいご 영어 | インタビューテスト 인터뷰 시험(interview test)

문법 포인트

① 동사의 기본 활용(ます형)

1그룹 동사
(5단동사)
	〈u단 → i단 + ます〉
	
	① る로 끝나되 바로 앞이 a·u·o단인 경우
	  예　わかる　つくる　のる …
	       k+a　　k+u　　n+o
	② る로 끝나지 않는 모든 동사
	  （う く ぐ す つ ぬ ぶ む）
	  예　会う　行く　話す　飲む …
	
	③ 형태는 2그룹, 활용은 1그룹 (예외 5단동사)
	  예　帰る　入る …
		行く－いきます
		飲む－のみます
		待つ－まちます
		ある－あります
		作る－つくります
		★ 帰る－かえります

2그룹 동사
(상1단동사
하1단동사)
	〈る + ます〉
	
	る로 끝나되 바로 앞이 i단, e단인 경우
	  예　見る　食べる　いる　寝る…
	     m+i　b+e　　i　　n+e
		見る－みます
		食べる－たべます
		起きる－おきます
		寝る－ねます

3그룹 동사 **(カ행변격동사** **サ행변격동사)**	2개뿐이므로 암기할 것! 예　来る 오다　する 하다	来る－きます する－します

ます형의 활용

기본형		예 行く 가다
현재형	～ます	예 行きます 갑니다
과거형	～ました	예 行きました 갔습니다
부정형	～ません	예 行きません 가지 않습니다
과거부정형	～ませんでした	예 行きませんでした 가지 않았습니다

★ ます형의 현재형은 미래형도 포함한다.
  예 明日は 友達と 映画を 見ます。

※ ます형 활용 연습 (해답 28쪽)

기본형	뜻	종류	~ます ~합니다	~ました ~했습니다	~ません ~하지 않습니다	~ませんでした ~하지 않았습니다
買う	사다					
会う	만나다					
行く	가다					
書く	쓰다					
話す	이야기하다					
待つ	기다리다					
遊ぶ	놀다					
飲む	마시다					
読む	읽다					
乗る	타다					
帰る	돌아오다(가다)					
見る	보다					
食べる	먹다					
起きる	일어나다					
寝る	자다					
教える	가르치다					
来る	오다					
する	하다					

문법 포인트

2 **〜へ[e]** 〜에, 〜로 + 동작성 동사 (行く・来る・帰る)

家族と 一緒に デパートへ 行きました。

いつ 韓国へ 来ましたか。

１１時に 家へ 帰ります。

3 **〜ます / 〜ません** 〜합니다 / 〜(하)지 않습니다(안 합니다)

私は 毎朝 ７時に 起きます。

日曜日に 日本へ 行きます。

キムさんは お酒を 飲みません。

4 **〜ました / 〜ませんでした** 〜했습니다 / 〜(하)지 않았습니다

今日は 朝早く 起きました。

木村さんの 誕生日なので プレゼントを 買いました。

昨日は 日本語の 勉強を しませんでした。

5 장소 + で ~에서

部屋で 音楽を 聞きます。

図書館で 本を 読みます。

学校の 前で 友達に 会いました。

> **Tip**
>
> 会う 만나다・乗る 타다
>
> 예 友達に 会う (○) 친구를 만나다 / 友達を 会う (×)
>
> 車に 乗る (○) 차를 타다 / 車を 乗る (×)

家族かぞく 가족 | ～と 一緒いっしょに ~와(과) 함께 | デパート 백화점 | 韓国かんこく へ 来くる 한국에 오다 |

家うちへ 帰かえる 집에 돌아오(가)다 | 毎朝まいあさ 매일 아침 | 起おきる 일어나다 | 日曜日にちようび 일요일 |

お酒さけを 飲のむ 술을 마시다 | 朝あさ 아침 | 早はやく 일찍, 빨리 | 誕生日たんじょうび 생일 |

プレゼント 선물(present) | 買かう 사다 | 昨日きのう 어제 | 勉強べんきょう 공부 | 部屋へや 방 |

音楽おんがくを 聞きく 음악을 듣다 | 図書館としょかん 도서관 | 本ほんを 読よむ 책을 읽다 |

学校がっこう 학교 | ～に 会あう ~을(를) 만나다

문법 포인트

※ ます형 활용 연습 해답

기본형	뜻	종류	~ます ~합니다	~ました ~했습니다	~ません ~하지 않습니다	~ませんでした ~하지 않았습니다
買う	사다	1그룹 동사 （5 단 동 사 ）	買います	買いました	買いません	買いませんでした
会う	만나다		会います	会いました	会いません	会いませんでした
行く	가다		行きます	行きました	行きません	行きませんでした
書く	쓰다		書きます	書きました	書きません	書きませんでした
話す	이야기하다		話します	話しました	話しません	話しませんでした
待つ	기다리다		待ちます	待ちました	待ちません	待ちませんでした
遊ぶ	놀다		遊びます	遊びました	遊びません	遊びませんでした
飲む	마시다		飲みます	飲みました	飲みません	飲みませんでした
読む	읽다		読みます	読みました	読みません	読みませんでした
乗る	타다		乗ります	乗りました	乗りません	乗りませんでした
帰る	돌아오다(가다)		帰ります	帰りました	帰りません	帰りませんでした
見る	보다	2그룹 동사 (상1단 하1단 동사)	見ます	見ました	見ません	見ませんでした
食べる	먹다		食べます	食べました	食べません	食べませんでした
起きる	일어나다		起きます	起きました	起きません	起きませんでした
寝る	자다		寝ます	寝ました	寝ません	寝ませんでした
教える	가르치다		教えます	教えました	教えません	教えませんでした
来る	오다	3그룹 (カ행 변격동사)	来ます	来ました	来ません	来ませんでした
する	하다	3그룹 (サ행 변격동사)	します	しました	しません	しませんでした

28

패턴 연습

1.

보기

朝ごはんを 食べる

朝ごはんを 食べますか。
→ はい、食べます。
　　いいえ、食べません。

1)

新聞を 読む

新聞を ＿＿＿＿＿＿＿。
→ はい、＿＿＿＿＿＿＿。
　　いいえ、＿＿＿＿＿＿＿。

2)

音楽を 聞く

音楽を ＿＿＿＿＿＿＿。
→ はい、＿＿＿＿＿＿＿。
　　いいえ、＿＿＿＿＿＿＿。

3)

映画を 見る

映画を ＿＿＿＿＿＿＿。
→ はい、＿＿＿＿＿＿＿。
　　いいえ、＿＿＿＿＿＿＿。

ц)

バスに 乗る

バスに ＿＿＿＿＿＿＿。
→ はい、＿＿＿＿＿＿＿。
　　いいえ、＿＿＿＿＿＿＿。

新聞しんぶんを 読よむ 신문을 읽다 | 音楽おんがくを 聞きく 음악을 듣다 |

映画えいがを 見みる 영화를 보다 | バスに 乗のる 버스를 타다

2.

보기

パンを 作る

パンを 作りましたか。
→ はい、作りました。
いいえ、作りませんでした。

1) メールを 書く

メールを ＿＿＿＿＿＿＿＿＿＿。
→ はい、＿＿＿＿＿＿＿＿＿＿。
いいえ、＿＿＿＿＿＿＿＿＿＿。

2) 買い物を する

買い物を ＿＿＿＿＿＿＿＿＿＿。
→ はい、＿＿＿＿＿＿＿＿＿＿。
いいえ、＿＿＿＿＿＿＿＿＿＿。

3) 英語で 話す

英語で ＿＿＿＿＿＿＿＿＿＿。
→ はい、＿＿＿＿＿＿＿＿＿＿。
いいえ、＿＿＿＿＿＿＿＿＿＿。

4) 日本語を 教える

日本語を ＿＿＿＿＿＿＿＿＿＿。
→ はい、＿＿＿＿＿＿＿＿＿＿。
いいえ、＿＿＿＿＿＿＿＿＿＿。

パンを 作つくる 빵을 만들다 | メールを 書かく 메일을 쓰다 | 買かい物ものを する 쇼핑을 하다 |
英語えいごで 話はなす 영어로 이야기하다 | 教おしえる 가르치다

3. 보기

の　　に　　で　　を　　へ　　と　　から　　まで

1) 昨日は 図書館(　　) レポートを 書きました。

2) 月曜日(　　) 金曜日(　　) 日本語学校で 勉強を します。

3) 木村さん(　　) 一緒に 映画(　　) 見ました。

4) 今日は 朝 6時(　　) 起きました。

5) 本屋の 前(　　) 友達(　　) 会いました。

6) キムさんは 来週の 月曜日に 中国(　　) 行きます。

7) キムさんは 英語(　　) 先生です。学校(　　) 英語を 教えます。

図書館としょかん 도서관 | レポートを 書かく 리포트(report)를 쓰다 |

日本語学校にほんごがっこう 일본어 학교 | 勉強べんきょう 공부 | 朝あさ 아침 | 起おきる 일어나다 |

本屋ほんや 서점 | 会あう 만나다 | 来週らいしゅう 다음 주

독해·작문

 읽어 봅시다! Track 09

私は毎朝7時に起きます。私は朝ごはんを食べません。

今日は11時からテストでしたが、あまり勉強をしませんでした。

1時から4時まで図書館で本を読みました。

それから、田中さんに会いました。一緒に映画を見ました。

映画はとてもおもしろかったです。10時に家へ帰りました。

毎朝まいあさ 매일 아침 | 起おきる 일어나다 | 朝あさごはん 아침밥 | あまり 별로, 그다지 |

～に 会あう ～을(를) 만나다 | 家うちへ 帰かえる 집에 돌아오(가)다

 일본어로 써 봅시다!

1. 내일은 무엇을 합니까? / 친구와 영화를 봅니다.

_____

2. 어제는 무엇을 했습니까? / 학교에서 공부를 했습니다.

_____

3. 몇 시에 일어났습니까? / 7시 10분에 일어났습니다.

_____

정답 1. 明日(あした)は 何(なに)を しますか。/ 友達(ともだち)と 映画(えいが)を 見(み)ます。
2. 昨日(きのう)は 何(なに)を しましたか。/ 学校(がっこう)で 勉強(べんきょう)を しました。
3. 何時(なんじ)に 起(お)きましたか。/ 7時(しち)じ 10分(じゅっぷん)に 起(お)きました。

32

한자 즐기기

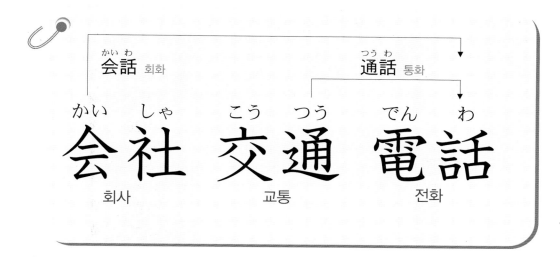

会話 회화

通話 통화

かい しゃ こう つう でん わ

会社 交通 電話

회사　　　　교통　　　　전화

써 봅시다!

図書館 도서관	図書館			
毎朝 매일 아침	毎朝			
音楽 음악	音楽			
本 책	本			
買い物 쇼핑	買い物			
金曜日 금요일	金曜日			

듣기 연습

A. 내용을 듣고 야마다 씨의 하루 일과를 순서대로 나열하세요.   Track 10

1)

2)

3) 07:00

ㄐ)

(   ) - (   ) - (   ) - (   )

B. 내용을 듣고 일치하면 ○, 일치하지 않으면 ✕를 넣으세요.   Track 11

1)

(   )

2) 절대 안 마셔

(   )

3) Today 아싸 공휴일

(   )

ㄐ) to 부정사 A to B

(   )

회화 플러스

 Track 12

1. 교통수단

➔ **何に 乗りますか。**

무엇을 탑니까?

 예 会社へ 行く 時は 何に 乗りますか。 회사에 갈 때는 무엇을 탑니까?

→ 電車に 乗ります。 전철을 탑니다.

| 아래 낱말을 써서 밑줄 친 부분과 바꿔서 말해보세요. |

家うちへ 帰かえる 時とき 집에 돌아갈 때 | 学校がっこうへ 行いく 時とき 학교에 갈 때 |

出張しゅっちょうに 行いく 時とき 출장 갈 때 | 旅行りょこうに 行いく 時とき 여행 갈 때 |

バイトに 行いく 時とき 아르바이트하러 갈 때 | 車くるま 차 | 自転車じてんしゃ 자전거 |

地下鉄ちかてつ 지하철 | タクシー 택시 | バス 버스 | 船ふね 배 | 飛行機ひこうき 비행기

2. 내일 일정

➔ **明日は 何を しますか。**

내일은 무엇을 합니까?

예 明日は 何を しますか。 내일은 무엇을 합니까?

→ 明日は 休みなので、家で ゆっくり 寝ます。

내일은 휴일이므로 집에서 푹 잘 겁니다.

| 아래 낱말을 써서 밑줄 친 부분과 바꿔서 말해보세요. |

 家族旅行かぞくりょこうに 行いく 가족여행을 가다 | コンサートへ 行いく 콘서트(concert)에 가다 |

勉強べんきょうを する 공부를 하다

• 일본의 유명 공원

요요기 공원(代々木公園)

도쿄 시부야구에 위치한 '요요기 공원'은 하라주쿠 역에서 약 5분 거리에 있으며, 국립 요요기 경기장과 '메이지진구(明治神宮)' 사이에 자리잡고 있습니다. 540.529㎡의 면적을 자랑하는 요요기 공원은 도쿄 내의 도시공원 중 다섯 번째에 해당하는 규모입니다. 요요기 공원은 시민들의 편안한 휴식처로 애견과 함께 산책을 즐기거나 한가로운 시간을 보내는 사람들을 쉽게 볼 수 있으며, 주말에는 벼룩시장이 열리기도 합니다. 도쿄의 활기 넘치는 지역에 위치해 쇼핑에 지친 몸을 쉬기 위해 찾는 사람들도 많으며, 하라주쿠와 가까운 만큼 코스프레를 한 젊은이들을 쉽게 만날 수 도 있습니다. 아마추어 예술가나 일반인들이 자유롭게 공연하는 모습도 쉽게 볼 수 있습니다.

한가로이 시간을 보내는 사람들 ▶

▲ 일반인들의 자유로운 공연

우에노온시 공원(上野恩師公園)

도쿄 다이토구에 위치한 '우에노온시 공원'은 보통 '우에노 공원'이라 불리며, 우에노 역에서 약 3분 거리에 있습니다. 총면적 약 53만㎡의 우에노 공원에는 도쿄국립 박물관, 국립 서양 미술관, 국립과학 박물관, 우에노 동물원 등이 자리잡고 있어 외국인뿐만 아니라 일본인들도 자주 찾는 관광지라 할 수 있습니다.

▲ 우에노 공원 연못

우에노 공원에 위치한 '우에노 동물원'은 자이언트 판다를 볼 수 있는 곳으로도 유명합니다. 500종에 달하는 동물을 사육하고 있는 우에노 동물원은 550종을 사육하고 있는 나고야시의 '히가시야마(東山) 동식물원'에 이어 두 번째 규모입니다. 자이언트 판다 이외에도 현존하는 호랑이 중 가장 몸집이 작은 수마트라 호랑이와 일본 흑곰, 플라밍고 등 많은 동물을 만날 수 있습니다.

▲ 우에노 동물원 '자이언트 판다'

나라 공원(奈良公園)

나라현 나라시에 위치한 '나라 공원'은 660만㎡의 면적을 자랑하며, 공원 안에 유네스코 세계문화유산에 등록된 '도다이지(東大寺)'를 비롯하여, 주요 문화재인 '가스가타이샤(春日大社)'와 나라국립 박물관, 사슴이 자유롭게 돌아다니는 '사슴 공원' 등이 있습니다. 이처럼 볼거리가 많은 나라 공원은 수학여행을 온 일본 학생들을 비롯하여 국내외 관광객들이 끊이지 않습니다. 사슴 공원에는 1,100여 마리의 사슴이 있으며, 사슴들이 관광객이 주는 먹이를 받아먹기 위해 사람들을 따라다니는 모습을 쉽게 볼 수 있습니다. 사슴은 야생 사슴이기 때문에 안전을 위해 뿔을 자르긴 했지만, 야생성이 나올 수 있으므로 주의가 필요합니다.

▲ 사슴 공원

03

<ruby>最近<rt>さいきん</rt></ruby> <ruby>寒<rt>さむ</rt></ruby>く
なりましたね。

요즘 추워졌네요.

포인트 스피치 Track 13

" 이 가게는 지난달에 잡지에 실렸습니다.

그래서 전보다 유명해졌습니다.

저는 다음 주에 여행 가기 때문에, 여기에 쇼핑하러 왔습니다.

전보다 서비스가 훨씬 좋아졌습니다.

この <ruby>店<rt>みせ</rt></ruby>は <ruby>先月<rt>せんげつ</rt></ruby> <ruby>雑誌<rt>ざっし</rt></ruby>に <ruby>載<rt>の</rt></ruby>りました。

それで <ruby>前<rt>まえ</rt></ruby>より <ruby>有名<rt>ゆうめい</rt></ruby>に なりました。

<ruby>私<rt>わたし</rt></ruby>は <ruby>来週<rt>らいしゅう</rt></ruby> <ruby>旅行<rt>りょこう</rt></ruby>に <ruby>行<rt>い</rt></ruby>くので、 ここに <ruby>買<rt>か</rt></ruby>い<ruby>物<rt>もの</rt></ruby>に <ruby>来<rt>き</rt></ruby>ました。

<ruby>前<rt>まえ</rt></ruby>より サービスが ずっと よく なりました。 "

Track 14

キム	最近 寒く なりましたね。
木村	ええ、本当に 寒く なりました。
キム	私は 昨日 デパートへ 買い物に 行きました。
木村	私も 昨日 デパートへ 行きました。
キム	そうですか。何か 買いましたか。
木村	はい、妹が 大学生に なるので かばんと 靴を 買いました。
	これは 妹の 写真です。
キム	わあ、本当に アヤさんですか。
	ずいぶん きれいに なりましたね。

最近さいきん 최근, 요즘 | 寒さむい 춥다 | 〜く なる 〜하게 되다, 〜해지다 | 本当ほんとうに 정말로 |

デパート 백화점 | 買かい物もの 쇼핑 | 〜に 行いく 〜하러 가다 | 何なにか 무언가, 무엇인지 |

妹いもうと 여동생 | 大学生だいがくせい 대학생 | [명사] ＋ に なる 명사+이(가) 되다 | 〜ので 〜(이)기 때문에 |

かばん 가방 | 靴くつ 구두 | 写真しゃしん 사진 | ずいぶん 꽤, 많이

문법 포인트

1 ～く なる・～に なる ～이(하게) 되다

명사	명사 + に なる	예 先生に なる 선생님이 되다
い형용사	い → く なる	예 暑い → 暑く なる 더워지다
な형용사	だ → に なる	예 便利だ → 便利に なる 편리해지다

キムさんは 大学生に なりました。

あの 店の サービスが よく なりました。

日本語が 上手に なりました。

2 동작성 명사 + に 行く / に 来る ～하러 가다 / ～하러 오다

デパートへ 買い物に 行きます。

キムさんと 旅行に 行きました。

私も この レストランへ 食事に 来ました。

3 **何か** 무언가, 무엇인지 / **何が** 무엇이

① **A** 机の 中に 何か ありますか。

B はい、あります。

② **A** 何が ありますか。

B 本と ノートが あります。

[참고] --

誰か 누군가 / **誰が** 누가

① **A** 教室の 中に 誰か いますか。

B はい、います。

② **A** 誰が いますか。

B 山田さんが います。

大学生だいがくせい 대학생 | 店みせ 가게 | サービス 서비스(service) | 上手じょうずだ 잘한다, 능숙하다 |

デパート 백화점 | 買かい物もの 쇼핑 | 旅行りょこう 여행 | レストラン 레스토랑(restaurant) |

食事しょくじ 식사 | 机つくえ 책상 | 中なか 안, 속 | ノート 노트(note) | 教室きょうしつ 교실 | 誰だれ 누구

패턴 연습

1.

보기

테스트は 難^{むずか}しい。

→ テストは 難しく なりました。

1)

山田さんは 背が 高い。
^{やまだ}　^せ　^{たか}

→ 山田さんは _____。

2)

この 町は にぎやかだ。
^{まち}

→ この 町は _____。

3)

キムさんは 会社員だ。
^{かいしゃいん}

→ キムさんは _____。

4)

成績が いい。
^{せいせき}

→ 成績が _____。

テスト 시험(test) | 背せが 高たかい 키가 크다 | 町まち 마을 | にぎやかだ 번화하다 | 成績せいせき 성적

42

2. 보기

友達・買い物
_{ともだち} _か _{もの}

→ 友達と 買い物に 行きます。

1)

家族・旅行
_{か ぞく} _{りょこう}

→ ＿＿＿＿＿＿＿＿＿＿＿＿＿＿＿。

2)

恋人・花見
_{こいびと} _{はな み}

→ ＿＿＿＿＿＿＿＿＿＿＿＿＿＿＿。

3)

犬・散歩
_{いぬ} _{さん ぽ}

→ ＿＿＿＿＿＿＿＿＿＿＿＿＿＿＿。

ц)

弟 ・運動
_{おとうと} _{うんどう}

→ ＿＿＿＿＿＿＿＿＿＿＿＿＿＿＿。

買かい物もの 쇼핑 ｜ 家族かぞく 가족 ｜ 旅行りょこう 여행 ｜ 恋人こいびと 애인 ｜ 花見はなみ 꽃구경, 꽃놀이 ｜

犬 いぬ 개 ｜ 散歩さんぽ 산책 ｜ 弟おとうと 남동생 ｜ 運動うんどう 운동

독해·작문

 읽어 봅시다!

 Track 15

うちの会社の前にレストランがあります。このあいだ、テレビに
このレストランが出ましたので、前より有名になりました。
先週の土曜日に私は友達と食事に行きました。
サービスも大変よくなりました。
料理もおいしくて値段もあまり高くありませんでした。

うち 우리 | レストラン 레스토랑 | このあいだ 요전번, 지난번 | テレビ 텔레비전 | 出でる 나오다 |

～より ～보다 (비교) | 有名ゆうめいだ 유명하다 | 先週せんしゅう 지난주 | 食事しょくじ 식사 |

サービス 서비스(service) | 大変たいへん 매우, 대단히 | 値段ねだん 가격

 일본어로 써 봅시다!

1. 야마다 씨와 함께 백화점에 쇼핑하러 갔습니다.

_____

2. 김 씨는 일본어 선생님이 되었습니다.

_____

3. 일본의 교통은 편리해졌습니다.

_____

정답 1. 山田(やまだ)さんと一緒(いっしょ)にデパートへ買(か)い物(もの)に行(い)きました。
2. キムさんは日本語(にほんご)の先生(せんせい)になりました。
3. 日本(にほん)の交通(こうつう)は便利(べんり)になりました。

44

한자 연습

🍵 한자 즐기기

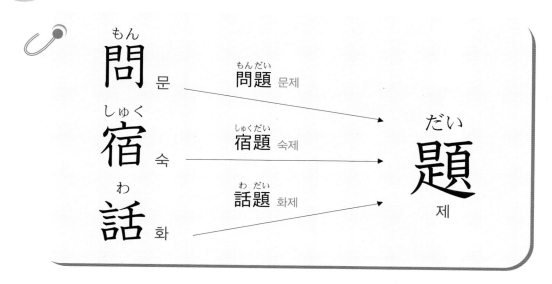

もん 問 문	もんだい 問題 문제	
しゅく 宿 숙	しゅくだい 宿題 숙제	だい 題 제
わ 話 화	わだい 話題 화제	

🖌 써 봅시다!

うん どう 運動 운동	運動			
せい せき 成績 성적	成績			
ね だん 値段 가격	値段			
しょく じ 食事 식사	食事			
くつ 靴 구두	靴			
はな み 花見 꽃구경	花見			

듣기 연습

A. 다음 내용을 듣고 그림과 일치하면 ○, 일치하지 않으면 ×를 넣으세요. Track 16

1)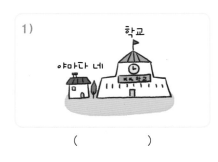

( )

2)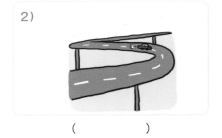

( )

3)

( )

4)

( )

B. 다음은 사토 씨의 한 주간의 스케줄입니다. 내용을 듣고 맞으면 ○, 틀리면 ×를 넣으세요. Track 17

月	AM 9:00	会議
火	AM 7:30	日本語教室
水	PM 1:00	田中さんと 食事
木		休み・友達と 映画
金	PM 6:00	サッカーの 試合
土		旅行
日	PM 7:00	デート

1) ( ) 2) ( ) 3) ( ) 4) ( )

회화 플러스

1. 취미

 Track 18

→ **趣味は 何ですか。** 취미는 무엇입니까?

예 趣味は 何ですか。 취미는 무엇입니까?

→ <u>音楽を 聞く こと</u>です。 음악 듣기입니다.

| 아래 낱말을 써서 밑줄 친 부분과 바꿔서 말해보세요. |

映画えいがを 見みる こと 영화 보기 | 本ほん 読よむ こと 책 읽기 | ピアノを 弾ひく こと 피아노 치기 |

旅行りょこう 여행 | 運動うんどう 운동 | 登山とざん 등산 | 水泳すいえい 수영 | ゴルフ 골프(golf) |

スキー 스키(ski)

2. 하루 일과

→ **私の 一日** 나의 하루

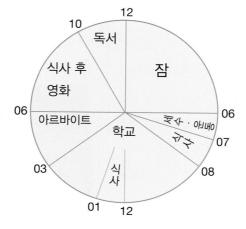

起おきる 일어나다 | 顔かおを 洗あらう 세수하다 | 運動うんどうを する 운동을 하다 |

ご飯はんを 食たべる 밥을 먹다 | 学校がっこうへ 行いく 학교에 가다 | バイトを する 아르바이트를 하다 |

映画えいがを 見みる 영화를 보다 | 本ほんを 読よむ 책을 읽다 | 寝ねる 자다

• 일본의 시장 및 상점가

아메야요코쵸(アメヤ横丁)

　도쿄 우에노에 있는 '아메야요코쵸'는 약 400개의 점포가 있는 상점가로 도쿄에 유일하게 남은 재래시장이라 할 수 있습니다. 우리나라의 남대문 시장과 비슷한 느낌인 아메야요코쵸에는 먹거리에서 옷, 신발, 잡화, 생필품 등 없는 게 없을 정도로 많은 물건을 팔고 있습니다. 시장에 들어서면 '아메요코(アメ横) 거리'와 '우에춘(上中) 거리'로 나뉘는데, 아메요코 거리에서는 농수산물과 청과, 길거리 음식들을 주로 팔고, 우에춘 거리에는 패션과 관련된 상점과 음식점이 더 많이 자리잡고 있습니다. 아메야요코쵸는 도쿄의 관광 명소인 만큼 세계 각지의 많은 관광객들의 발걸음이 끊이지 않고 있습니다.

아메야요코쵸 입구 ▶

아사쿠사(浅草) 상점가

　'아사쿠사' 하면 단연 '센소지(浅草寺)'를 떠올릴 것입니다. 센소지는 도쿄에서 가장 오래된 절인 만큼 최고의 관광지이기도 합니다. 센소지만큼이나 절의 입구라 할 수 있는 '가미나리몬(雷門)'을 통과하면 펼쳐지는 양옆의 깔끔하게 정돈된 상점가 역시 관광 명소라 할 수 있습니다. 우리나라에 비유하면 인사동 거리와 살짝 비슷한 느낌인 이 상점가에는 일본의 전통 과자인 센베이를 비롯하여 아이스크림, 모치 등과 함께 기념품을 살 수 있는 상점들이 늘어서 있습니다.

아사쿠사 상점가 ▶

쓰키지 시장(築地市場)

　도쿄 쥬오구에 있는 쓰키지 시장은 수산물을 주로 거래하는 시장입니다. 쓰키지 시장은 경매를 통해 수산물을 도매로 거래하는 '장내 시장'과 소매로 일반인 고객을 상대하는 '장외 시장'이 있는데, 장내 시장이 2018년 10월 6일을 마지막으로 쓰키지를 떠나, 10월 11일 도요스 시장(豊洲市場)으로 자리를 옮겼습니다.

　장외 시장에서는 수산물만 거래하는 것은 아니고 청과, 고기류와 알류, 각종 공산품도 판매하고 있습니다. 신선한 해산물이 주로 거래되는 곳인 만큼 맛있는 해산물을 먹을 수는 있지만, 시장이라고 해서 가격이 저렴하지는 않습니다. 장외 시장에서도 상점 앞에서 직접 참치를 해체하는 모습을 볼 수도 있고, 해체한 참치를 그 자리에서 판매하는 등 볼거리와 재미가 많은 시장입니다.

▲ 장외 시장

▲ 장내 시장

04

友達と 遊びに 行きます。

친구와 놀러 갑니다.

포인트 스피치 Track 19

> 주말에 나는 야마다 씨와 바다에 놀러 갈 생각입니다.
> 장소는 벳부로 했습니다.
> 나는 거기에서 온천에도 가고 싶습니다.
> 주말에 뭔가 예정이 있습니까? 같이 가지 않겠습니까?

週末、私は 山田さんと 海へ 遊びに 行く つもりです。

場所は 別府に しました。

私は そこで 温泉にも 行きたいです。

週末、何か 予定が ありますか。一緒に 行きませんか。

Track 20

青木 　里美さん、今度の 土曜日は 何か 予定が ありますか。

里美 　土曜日ですか。まだ 予定は ありませんが……。

青木 　実は 土曜日に 山田さんと 海へ 遊びに 行く 予定なんです

　　　が、里美さんも 一緒に 行きませんか。

里美 　いいですね。

青木 　私たちは 湘南へ 行く つもりですが、里美さんは どこへ

　　　行きたいですか。

里美 　私は どこでも いいです。

青木 　じゃ、湘南に しましょう。

今度こんど 이번 | 何なにか 무언가, 무엇인지 | 予定よてい 예정 | 実じつは 사실은, 실은 | 海うみ 바다 |
遊あそぶ 놀다 | [ます형]＋に 行いく ~하러 가다 | ~が ~(이)지만 | 一緒いっしょに 같이, 함께 |
~ませんか ~하지 않겠습니까? | 湘南しょうなん 쇼난 (일본의 유명한 바닷가) | ~でも ~든지, ~라도 |
~に する ~로 하다 | ~ましょう ~합시다

문법 포인트

1 ます형 활용 I

~ましょう	~합시다	예 読みましょう
~ましょうか	~할까요	예 読みましょうか
~ませんか	~하지 않겠습니까?	예 読みませんか
~に 行く	~하러 가다	예 読みに 行く
~たい(です)	~하고 싶다	예 読みたい(です)
~たく ない(です)	~하고 싶지 않다(않습니다)	예 読みたく ない(です) (=読みたく ありません)

2 ~に 行く　~하러 가다

5時に 友達に 会いに 行きます。

デパートへ かばんを 買いに 行きました。

山田さんと 映画を 見に 行きました。

3 명사＋なんです　~입니다, ~인 것입니다

専攻は 日本語なんです。

明日は 休みなんです。

今日は キムさんの 誕生日なんですか。

4 **〜ましょう** 〜합시다

いっしょ べんきょう
一緒に 勉強しましょう。

か もの い
デパートへ 買い物に 行きましょう。

にほんご はな
日本語で 話しましょう。

5 **〜ませんか** 〜하지 않겠습니까?

いっしょ えいが み
一緒に 映画を 見ませんか。

の
コーヒーでも 飲みませんか。

しゅうまつ こうえん
週末、公園へ 行きませんか。

デパート 백화점 | 専攻せんこう 전공 | 明日あした 내일 | 休やすみ 휴일 | 誕生日たんじょうび 생일 |

買かい物もの 쇼핑 | 日本語にほんごで 話はなす 일본어로 이야기하다 | コーヒー 커피(coffee) |

〜でも 〜라도, 〜든지 | 飲のむ 마시다 | 週末しゅうまつ 주말 | 公園こうえん 공원

문법 포인트

6 **〜たい** 〜하고 싶다

A 何_{なに}が 食_たべたいですか。　→ B すしが 食べたいです。

A どこへ 行_いきたいですか。　→ B 山_{やま}へ 行きたいです。

A 誰_{だれ}に 会_あいたいですか。　→ B 母_{はは}に 会いたいです。

7 **〜に する** 〜(으)로 하다

メニューは 何_{なに}に しますか。

テストは 来週_{らいしゅう}の 月曜日_{げつようび}に しましょう。

場所_{ばしょ}は どこに しましょうか。

食_たべる 먹다 | すし 초밥 | 誰_{だれ} 누구 | 〜に 会_あう 〜을(를) 만나다 | メニュー 메뉴 |

来週_{らいしゅう} 다음 주 | 月曜日_{げつようび} 월요일 | 場所_{ばしょ} 장소

패턴 연습

1. 보기

<ruby>靴<rt>くつ</rt></ruby>を <ruby>買<rt>か</rt></ruby>う

→ <u><ruby>靴<rt></rt></ruby>を <ruby>買<rt>か</rt></ruby>いに</u> <ruby>行<rt>い</rt></ruby>きます。

1)

<ruby>映画<rt>えい が</rt></ruby>を <ruby>見<rt>み</rt></ruby>る

→ ＿＿＿＿＿＿＿＿＿＿ <ruby>行<rt></rt></ruby>きます。

2)

<ruby>遊<rt>あそ</rt></ruby>ぶ

→ ＿＿＿＿＿＿＿＿＿＿ <ruby>行<rt></rt></ruby>きます。

3)

コーヒーを <ruby>飲<rt>の</rt></ruby>む

→ ＿＿＿＿＿＿＿＿＿＿ <ruby>行<rt></rt></ruby>きます。

4)

さしみを <ruby>食<rt>た</rt></ruby>べる

→ ＿＿＿＿＿＿＿＿＿＿ <ruby>行<rt></rt></ruby>きます。

<ruby>靴<rt>くつ</rt></ruby> 구두 | <ruby>買<rt>か</rt></ruby>う 사다 | <ruby>遊<rt>あそ</rt></ruby>ぶ 놀다 | コーヒー 커피 | さしみ 회

패턴 연습

2.

日本へ 行く

→ <u>日本へ 行きたいです。</u>

→ <u>日本へ 行きたく ありません。</u>

1)

飛行機に 乗る

→ _____ 。

→ _____ 。

2)

日本語を 勉強する

→ _____ 。

→ _____ 。

3)

音楽を 聞く

→ _____ 。

→ _____ 。

4)

友達に 会う

→ _____ 。

→ _____ 。

飛行機ひこうき 비행기 | 音楽おんがく 음악

3.

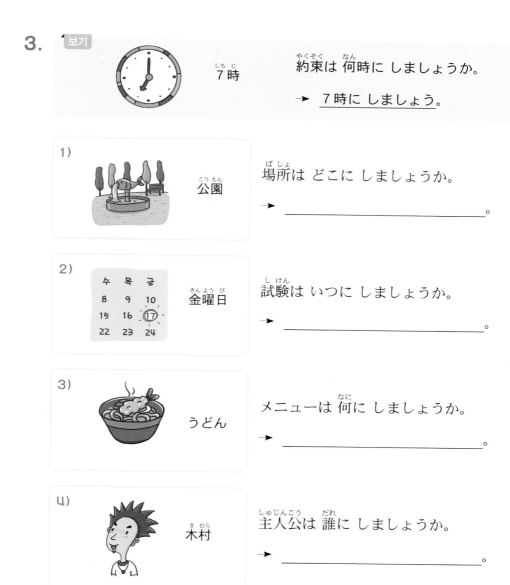

보기

7時_{しち じ}

約束_{やくそく}は 何時_{なん}に しましょうか。

→ 7時に しましょう。

1) 公園_{こう えん}

場所_{ば しょ}は どこに しましょうか。

→ ＿＿＿＿＿＿＿＿＿＿＿＿＿＿。

2) 金曜日_{きん よう び}

試験_{し けん}は いつに しましょうか。

→ ＿＿＿＿＿＿＿＿＿＿＿＿＿＿。

3) うどん

メニューは 何_{なに}に しましょうか。

→ ＿＿＿＿＿＿＿＿＿＿＿＿＿＿。

4) 木村_{き むら}

主人公_{しゅじんこう}は 誰_{だれ}に しましょうか。

→ ＿＿＿＿＿＿＿＿＿＿＿＿＿＿。

約束やくそく 약속 | 場所ばしょ 장소 | 試験しけん 시험 | いつ 언제 | メニュー 메뉴 |

主人公しゅじんこう 주인공 | 誰だれ 누구

독해·작문

 읽어 봅시다!

 Track 21

私^{わたし}は来年^{らいねん}の4月^{しがつ}に日本^{にほん}へ勉強^{べんきょう}しに行^いくつもりです。

それで、毎日^{まいにち}日本語教室^{にほんごきょうしつ}で日本語を勉強しています。

日本語の勉強ははじめてです。

日本語は最初^{さいしょ}は簡単^{かんたん}でしたが、今^{いま}は難^{むずか}しいです。

だから、早^{はや}く日本語が上手^{じょうず}になりたいです。

勉強べんきょう 공부 | 〜に 行^いく 〜하러 가다 | [동사 기본형] ＋つもり 〜할 생각 | それで 그래서 |

毎日まいにち 매일 | 日本語教室にほんごきょうしつ 일본어 교실(학원) | 〜て います 〜하고 있습니다 |

はじめて 처음 | 最初さいしょ 최초, 처음 | 簡単かんたんだ 간단하다 | 難むずかしい 어렵다 |

だから 그러니까 | 早はやく 빨리 | 上手じょうずに 능숙하게 | なる 되다 | 〜たい 〜하고 싶다

 일본어로 써 봅시다!

1. 백화점에 가방을 사러 갑시다.

_____

2. 저도 바다에 가고 싶습니다.

_____

3. 같이 놀러 가지 않겠습니까?

_____

정답 1. デパートへ かばんを 買^かいに 行^いきましょう。
2. 私^{わたし}も 海^{うみ}へ 行^いきたいです。
3. 一緒^{いっしょ}に 遊^{あそ}びに 行^いきませんか。

한자 연습

한자 즐기기

だんせい
男性 남성

せいかく
性格 성격

だん
男 남

じょ
女 여

せい
性 성

かく
格 격

べつ
別 별

じょせい
女性 여성

せいべつ
性別 성별

써 봅시다!

こん ど 今度 이번	今度			
しゅう まつ 週末 주말	週末			
まい にち 毎日 매일	毎日			
らい ねん 来年 내년	来年			
かん たん 簡単 간단	簡単			
うみ 海 바다	海			

듣기 연습

A. 두 사람의 대화를 듣고 놀러 가기로 한 장소는 어디인지 골라 보세요. Track 22

1)

2)

3)

4)

정답 (   )

B. 내용을 듣고 그림과 일치하면 ○, 일치하지 않으면 ✕를 넣으세요. Track 23

1)

(   )

2)

(   )

3)

(   )

4)

(   )

Track 24

1. 어제 일정

➡ 昨日は 何を しましたか。

어제는 무엇을 했습니까?

 昨日は 何を しましたか。 어제는 무엇을 했습니까?

→ 公園へ 散歩に 行きました。 공원에 산책하러 갔습니다.

| 아래 낱말을 써서 밑줄 친 부분과 바꿔서 말해보세요. |

週末しゅうまつ 주말 | デパート 백화점 | 病院びょういん 병원 | 日本にほん 일본 | 買かい物もの 쇼핑 |
食事しょくじ 식사 | お見舞みまい 문병 | 旅行りょこう 여행

2. 상황 질문

➡ どう しましたか。

왜 그래요? (무슨 일이에요?)

 どう しましたか。 왜 그래요?

→ この カメラの 使い方が わかりません。 이 카메라의 사용법을 모르겠습니다.

| 아래 낱말을 써서 밑줄 친 부분과 바꿔서 말해보세요. |

漢字かんじ 한자 | 単語たんご 단어 | カタカナ 가타카나 | 機械きかい 기계 | おもちゃ 장난감 |
読よみ方かた 읽는 법 | 覚おぼえ方かた 외우는 법 | 作つくり方かた 만드는 법

● 일본의 독특한 전시관

도쿄 지브리 미술관

　'미타카의 숲 지브리 미술관(三鷹の森ジブリ美術館)'은 도쿄 미타카시의 '이노카시라 공원(井の頭公園)' 안에 있습니다. '지브리'는 '이웃집 토토로'를 시작으로 '센과 치히로의 행방불명' 등으로 유명한 애니메이션 회사이고, 지브리 미술관은 지브리의 미야자키 하야오 감독이 자사 애니메이션의 캐릭터와 배경을 바탕으로 직접 디자인한 미술관입니다.

　100% 예약제로 운영되고 있으며, 공식적으로는 매주 화요일이 휴관일이지만, 간혹 휴관일의 변동이 있기 때문에 방문을 계획 중이라면 예약과 휴관일을 반드시 체크해 두어야 합니다.

▲ 미술관 초입을 지키는 '토토로'

　지브리 미술관은 지하 1층, 지상 2층의 총 3개 층으로 되어 있는 아담한 규모의 미술관입니다. 지하 1층에는 애니메이션이 만들어지기까지의 과정과 지브리의 애니메이션이 전시되어 있고, 단편 영화관이 있습니다. 지상 1층에서는 미야자키 감독의 습작실과 애니메이션 콘티 등을 볼 수 있으며, 지상 2층에는 기념품 가게가 있습니다.

　실외에서는 사진 촬영이 가능하나 실내에서는 모든 촬영이 금지되어 있기 때문에 방문할 때에는 이 점에 유의해야 합니다.

미술관 옥상을 지키는 '천공의 성 라퓨타'의 로봇 병사 ▶

에비스 맥주 기념관

 '에비스 맥주 기념관'은 도쿄 시부야구 에비스 가든 플레이스 안에 위치해 있습니다. JR 야마노 테센 에비스 역에서 내려 조금 걸어야 하지만, 에비스 스카이 워크를 이용하면 조금은 편하게 이동할 수 있습니다.

 에비스 맥주는 삿포로 맥주 회사에서 만드는 프리미엄 맥주로, 맥주 기념관 옆에는 삿포로 맥주 본사가 자리잡고 있습니다.

 에비스 맥주 기념관의 입장료는 무료이지만, 유료 투어 코스가 있어 20세 이상의 어른이라면 500엔의 요금으로 에비스의 역사, 맛있게 에비스 맥주를 즐기는 법 등의 설명을 들으며 두 종류의 에비스 맥주도 맛볼 수 있습니다.

▲ 기념관 입구

▲ 기념관 내부

05

漢字も 多いし、読み方も 難しいですね。

한자도 많고, 읽는 법도 어렵네요.

포인트 스피치 Track 25

> 우리 집은 역에서 찾기 쉽습니다.
> 우리 집은 방도 넓고 집세도 쌉니다.
> 근처에 공원도 있습니다.
> 매일 아침 음악을 들으면서 공원에서 운동을 합니다.

私の 家は 駅から 探しやすいです。

私の 家は 部屋も 広いし 家賃も 安いです。

近くに 公園も あります。

毎朝 音楽を 聞きながら 公園で 運動を します。

기본 회화

 Track 26

〈問題を 読みながら〉

イ	「次の 漢字を ひらがなで 書きなさい。」
	先生、この 漢字は どう 読みますか。
先生	「しゅみ」と 読みます。
イ	問題2の 漢字も 小さくて 読みにくいですが。
先生	その 漢字は「せんこう」です。
イ	日本語は 漢字も 多いし、読み方も 難しいですね。
先生	毎日 漢字を 書きながら 覚えて ください。
	役に 立ちますから。
イ	え! 毎日 覚えるんですか。

 問題もんだい 문제 | 次つぎ 다음 | 漢字かんじ 한자 | ひらがな 히라가나 | どう 어떻게 | 趣味しゅみ 취미 |

～と 読よむ ~라고 읽는다 | 問題2に 문제2 | 専攻せんこう 전공 | 多おおい 많다 | 読よみ方かた 읽는 법 |

毎日まいにち 매일 | 覚おぼえて ください 외우세요, 외워 주세요 (覚える → 覚えて) |

役やくに 立たつ 도움이 되다 | ～から ~(이)니까, ~(이)기 때문에 | [동사]＋んです ~하는 겁니다

문법 포인트

1 ます형 활용 Ⅱ

~方（かた）	~하는 법	예 使い方（つかいかた）
~ながら	~하면서	예 使いながら
~すぎる	너무 ~하다	예 使いすぎる
~やすい	~하기 쉽다	예 使いやすい
~にくい	~하기 어렵다	예 使いにくい
~なさい	~하시오, ~하세요	예 使いなさい

2 ~で   ~로 (방법, 도구, 수단)

木村（きむら）さんと 日本語（にほんご）で 話（はな）しました。(방법)

名前（なまえ）を ペンで 書（か）きました。(도구)

家（いえ）から 会社（かいしゃ）まで バスで 40分（よんじゅっぷん）ぐらい かかります。(수단)

3 ~くて   ~해서 (이유, 원인) [참고 : ~くて ~이고 (나열, 열거)]

先生（せんせい）は 性格（せいかく）が 明（あか）るくて みんなが 好（す）きです。

昨日（きのう）は 天気（てんき）が 悪（わる）くて 遠足（えんそく）に 行（い）きませんでした。

今日（きょう）は 風（かぜ）が 強（つよ）く なくて いいですね。

4 **ます형＋やすい**　〜하기 쉽다

ます형＋にくい　〜하기 어렵다

ひらがなは 読^よみやすいですが、カタカナは 読みにくいです。

この 問題^{もんだい}は 難^{むずか}しくて わかりにくいです。

この 本^{ほん}は 字^じが 小^{ちい}さくて 見^みにくいです。

5 **〜も 〜し、〜も**　〜도 〜하고, 〜도

キムさんは 頭^{あたま}も いいし、性格^{せいかく}も いいです。

木村先生^{きむらせんせい}は ハンサムだし、背^せも 高^{たか}いです。

この アパートは 部屋^{へや}も 広^{ひろ}いし、家賃^{やちん}も 安^{やす}いから いいです。

使^{つか}う 使用하다, 쓰다 | 日本語^{にほんご}で 話^{はな}す 일본어로 이야기하다 | 名前^{なまえ} 이름 | ペン 펜(pen) |

バスで 버스로 (수단) | 〜ぐらい 〜정도 | かかる (시간이) 걸리다 | 性格^{せいかく} 성격 | 明^{あか}るい 밝다 |

みんな 모두 | 好^すきだ 좋아하다 | 昨日^{きのう} 어제 | 天気^{てんき} 날씨 | 悪^{わる}い 나쁘다 | 遠足^{えんそく} 소풍 |

風^{かぜ}が 強^{つよ}い 바람이 세다 | カタカナ 가타카나 | 問題^{もんだい} 문제 | 頭^{あたま} 머리 |

背^せも 高^{たか}い 키도 크다 | アパート 아파트 | 部屋^{へや} 방 | 広^{ひろ}い 넓다 | 家賃^{やちん} 집세

문법 포인트

6 〜から 〜이기 때문에 (이유, 원인)

① 명사 : Nだ ＋ から

今日は 休みだから、田中さんは 家に いるでしょう。

② い형용사 : い ＋ から

暑いから 窓を 開けて ください。

③ な형용사 : だ ＋ から

ここは 交通が 便利だから いいですね。

④ 동사 : V(원형) ＋ から

来年 日本へ 行くから 日本語を 習います。

〜でしょう 〜겠죠, 〜이죠 (추측) | 窓まど 창문 | 開あける 열다 | 交通こうつう 교통 |

便利べんりだ 편리하다 | 来年らいねん 내년 | 習ならう 배우다

패턴 연습

1. 보기

> 読む → この 漢字の 読み方が わかりません。

1) 使う → この カメラの ＿＿＿＿＿＿＿が わかりません。
2) 覚える → この 単語の ＿＿＿＿＿＿＿を 教えて ください。
3) 作る → この 料理の ＿＿＿＿＿＿＿を 教えて ください。

2. 보기

> わかる
> → 問題1は わかりやすいですが、問題2は わかりにくいです。

1) 食べる

> → バナナは ＿＿＿＿＿＿ですが、パイナップルは ＿＿＿＿＿＿です。

2) 書く

> → カタカナは ＿＿＿＿＿＿ですが、ひらがなは ＿＿＿＿＿＿です。

3) 歩く

> → スニーカーは ＿＿＿＿＿＿ですが、ハイヒールは ＿＿＿＿＿＿です。

漢字かんじ 한자 | カメラ 카메라(camera) | 単語たんご 단어 | 教おしえる 가르치다 | 問題もんだい 문제 |

バナナ 바나나(banana) | パイナップル 파인애플(pineapple) | 書かく 쓰다 | 歩あるく 걷다 |

スニーカー 스니커즈(sneakers), 운동화 | ハイヒール 하이힐(high heel)

패턴 연습

3. 보기

帰る → 早く 家へ <u>帰りなさい</u>。

1) 起きる → 朝 早く _____。

2) 選ぶ → 正しい ものを ひとつ _____。

3) 書く → ひらがなで _____。

4. 보기

ピアノを 弾く・歌を 歌う

→ <u>ピアノを 弾きながら 歌を 歌います。</u>

1) テレビを 見る・夕ごはんを 食べる

→ _____。

2) 音楽を 聞く・勉強を する

→ _____。

3) コーヒーを 飲む・友達と 話す

→ _____。

5.  보기

食^たべる・お腹^{なか}が 痛^{いた}い

→ 食べすぎました。それで、お腹が 痛いです。

1)

カラオケで 歌^{うた}を 歌^{うた}う・のどが 痛い

→ _____。

2)

歩^{ある}く・足^{あし}が 痛い

→ _____。

3)

飲^のむ・気分^{きぶん}が 悪^{わる}い

→ _____。

早^{はや}く 일찍 | 選^{えら}ぶ 고르다, 선택하다 | 正^{ただ}しい 올바르다, 맞다 | ひとつ 한 개 |

ピアノを 弾^ひく 피아노를 치다 | テレビ 텔레비전 | 夕^{ゆう}ごはん 저녁밥 | 音楽^{おんがく} 음악 |

コーヒー 커피 | 話^{はな}す 이야기하다 | お腹^{なか}が 痛^{いた}い 배가 아프다 | カラオケ 노래방 |

のど 목, 목구멍 | 歩^{ある}く 걷다 | 足^{あし} 다리, 발 | 気分^{きぶん}が 悪^{わる}い 기분이 좋지 않다, 속이 좋지 않다

독해·작문

 ## 읽어 봅시다!

私は兄と秋葉原へ新しいデジカメを買いに行きました。

秋葉原にはいろいろなデジカメがたくさんありました。

兄と私は建物の中を歩きながら、デジカメを探してみました。

結局、私は白いデジカメを買いました。

デザインもきれいだし、使い方も簡単です。

秋葉原あきはばら 아키하바라 (지명) | 新あたらしい 새롭다, 새 것이다 | デジカメ 디지털카메라 |

いろいろな 여러 가지 | たくさん 많이 | 建物たてもの 건물 | 探さがして みました 찾아 봤습니다 |

結局けっきょく 결국 | 白しろい 하얗다 | デザイン 디자인(design) | 使つかい方かた 사용법 |

簡単かんたんだ 간단하다

 ## 일본어로 써 봅시다!

1. 음악을 들으면서 공부를 합니다.

_____

2. 이 아파트는 방도 넓고 집세(家賃)도 싸네요.

_____

3. 히라가나로 쓰세요.

_____

정답 1. 音楽(おんがく)を 聞(き)きながら 勉強(べんきょう)を します。
2. この アパートは 部屋(へや)も 広(ひろ)いし、 家賃(やちん)も 安(やす)いですね。
3. ひらがなで 書(か)きなさい。

한자 즐기기

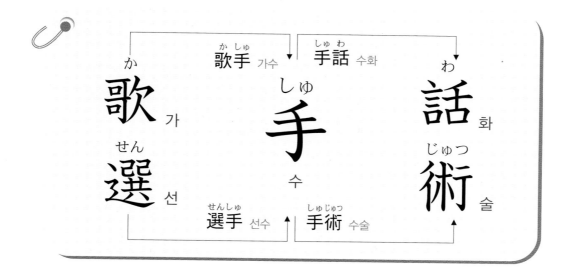

써 봅시다!

かん じ 漢字 한자	漢字			
もん だい 問題 문제	問題			
たて もの 建物 건물	建物			
あたま 頭 머리	頭			
せい かく 性格 성격	性格			
しゅ じゅつ 手術 수술	手術			

듣기 연습

A. 다음 내용을 듣고 빈칸에 알맞은 말을 쓰세요. Track 28

今日は 学校の 友達が 1) _____ 来る 日です。

それで、今朝 早く 起きて 掃除を しました。

私は いつも 音楽を 2) _____ 掃除を します。

時々 3) _____ 掃除を する 時も あります。

一緒に 食べる お菓子や 果物の 準備も しました。

B. 내용을 듣고 그림과 일치하면 ○, 일치하지 않으면 ×를 넣으세요. Track 29

1)

(   )

2)

(   )

3)

(   )

ц)

(   )

회화 플러스

1. 인사 표현 질문

→ **食べる 前に 日本語で 何と いいますか。**

먹기 전에 일본어로 뭐라고 합니까?

예 <u>食べる 前に 日本語で 何と</u> いいますか。 먹기 전에 일본어로 뭐라고 합니까?

→ 「<u>いただきます</u>」と いいます. '이타다키마스'라고 합니다.

| 아래 낱말을 써서 밑줄 친 부분과 바꿔서 말해보세요. |

- 朝あさの あいさつは 아침 인사는 → おはようございます 안녕하세요
- 寝ねる 前まえに 자기 전에 → おやすみなさい 안녕히 주무세요
- 家いえを 出でる 時ときは 집을 나설 때는 → 行いって きます 다녀오겠습니다

2. 소요 시간

→ **家から 学校まで どのぐらい かかりますか。**

집에서 학교까지 얼마나 걸립니까?

예 家から 学校まで どのぐらい かかりますか。

집에서 학교까지 얼마나 걸립니까?

→ <u>歩いて 20分</u>ぐらい かかります。 걸어서 20분 정도 걸립니다.

| 아래 낱말을 써서 밑줄 친 부분과 바꿔서 말해보세요. |

自転車じてんしゃで 30分さんじゅっぷん 자전거로 30분 | **バス**で 10分じゅっぷん 버스로 10분 |

タクシーで 5 分ごふん 택시로 5분 | **車**くるまで 15分じゅうごふん 차로 15분 |

地下鉄ちかてつで 20分にじゅっぷん 지하철로 20분 | **電車**でんしゃで 1 時間いちじかん 전철로 1시간

● 오사카의 번화가

신사이바시스지(心斎橋筋)

　'신사이바시스지'는 오사카의 대표적인 쇼핑 지역으로 남북으로 길게 뻗어 있는 아케이드에는 많은 상점들이 길게 자리하고 있습니다. 도쿄의 긴자와 같은 고급스러운 명품 거리라고 할 수 있는 '미도스지(御堂筋)'와 연결되어 있고, 오사카 최대 규모의 백화점인 '다이마루(大丸, DAIMARU)' 백화점을 비롯하여 옷가게와 카페 등이 밀집되어 있어 오사카의 최고의 쇼핑 거리이자 젊은이들이 주로 찾는 젊음의 거리라 할 수 있습니다.

도톤보리(道頓堀)

　신사이바시스지에서 남쪽으로 조금 벗어난 곳에 자리한 '도톤보리'는 도톤보리강 주변으로 형성된 유흥가입니다. 서민적인 분위기를 풍기는 도톤보리는 오사카의 대표적인 먹자골목으로 각종 음식점과 술집, 포장마차가 즐비하며, 화려한 간판과 네온사인으로도 유명합니다. 먹을거리 외에도 즐길 거리, 볼거리가 많은 도톤보리는 일본인뿐 아니라 세계 각지에서 찾아온 관광객으로 항상 인산인해를 이루고 있습니다.

▲ 도톤보리 중심지

● 교토의 주요 거리

기온도리(祇園通り)

　'기온도리'는 교토의 고즈넉한 분위기를 느낄 수 있는 거리로 유명합니다. 기온도리는 '게이샤(芸者)'를 직접 볼 수 있는 곳이기도 하여, 운이 좋으면 거리에서 화려한 기모노를 입고 얼굴 전체를 하얗게 분칠한 게이샤를 만날 수도 있습니다.

▲ 호칸지 5층 탑이 보이는 야사카도리

　기온도리 중 '야사카도리(八坂通り)' 구간에 들어서면 '야사카 탑'이라고도 불리는 '호칸지 5층 탑'이 눈이 들어옵니다. 호칸지 5층 탑은 46m 높이의 교토에서 가장 오래된 탑이며, 문화재로 지정된 탑 중에서 민간에 공개된 유일한 탑입니다. 거리를 걷는 것만으로도 일본의 정취를 느낄 수 있는 이 거리의 독특한 매력을 느끼기 위해 매년 많은 관광객이 이 거리를 찾고 있습니다.

시조카와라마치(四条河原町)

　'시조카와라마치'는 교토시의 '시조도리(四条通り)'와 '가와라마치도리(河原町通り)'에 걸쳐 있는 교차로의 이름이면서 이 주변 번화가를 이르는 통칭입니다. 교토 중심부에 위치한 이 주변 지역은 교토의 최대 번화가입니다. 대형 백화점과 쇼핑몰은 물론 여러 상점과 음식점이 밀집되어 있을 뿐만 아니라 한큐 가와라마치 역이 인접해 있고, 많은 버스 노선이 지나가는 교통의 요지이기도 합니다. 그래서 많은 관광객들이 교토 여행의 출발지로 삼고 있습니다.

▲ 시조카와라마치 교차로

06 今　何を　して　いますか。

いま　なに

지금 무엇을 하고 있습니까?

『
오늘은 아침 일찍 일어나서 밥을 먹고(나서)

커피를 마시고 회사에 갔습니다.

일이 끝나고 나서 친구를 만나서 영화를 봤습니다.

영화는 참 재미있었습니다.

今日は 朝早く 起きて、ご飯を 食べてから

コーヒーを 飲んで 会社へ 行きました。

仕事が 終わってから 友達に 会って 映画を 見ました。

映画は とても おもしろかったです。 』

Track 32

田中　キムさん、ここで 何を して いますか。

キム　日本語の 宿題を して います。

田中　キムさんは 日本語を 習って いるんですか。

キム　来年の 4月に 日本へ 行く予定です。

田中　留学ですか。

キム　はい、そうです。

　　　毎日 MP3を 聞きながら 本を 読んで いますが、

　　　日本語は やっぱり 漢字が 一番 難しいですね。

田中　難しい 漢字は 私に 聞いて ください。

宿題しゅくだい 숙제 | 習ならう 배우다 | 来年らいねん 내년, 다음 해 | 予定よてい 예정 |

留学りゅうがく 유학 | 毎日まいにち 매일 | MP3を 聞きく MP3를 듣다 | 本ほんを 読よむ 책을 읽다 |

やっぱり 역시 | 漢字かんじ 한자 | ～に ～에게 | 聞きく 듣다, 묻다

문법 포인트

1 동사의 て형 Ⅰ

1그룹 동사 (5단동사)	う・つ・る → って ぬ・む・ぶ → んで く → いて ぐ → いで す → して ★ 帰る → 帰って (예외) ★ 行く → 行って	会う → 会って 飲む → 飲んで 書く → 書いて 泳ぐ → 泳いで 話す → 話して ★ 帰る → 帰って ★ 行く → 行って
2그룹 동사 (상1단동사 하1단동사)	る + て	見る → 見て 起きる → 起きて 食べる → 食べて 寝る → 寝て
3그룹 동사 (カ행변격동사 サ행변격동사)	来る → 来て する → して	来る → 来て 勉強する → 勉強して

문법

~て います	~하고 있습니다	예 見て います
~て ください	~해 주세요	예 見て ください
~てから	~하고 나서	예 見てから

※ て형 활용 연습 (해답 84쪽)

의미	동사	て형	의미	동사	て형
사다	買う		기다리다	待つ	
쓰다	書く		이야기하다	話す	
읽다	読む		나가다	出る	
보다	見る		하다	する	
놀다	遊ぶ		되다	なる	
걷다	歩く		죽다	死ぬ	
쉬다	休む		찍다	撮る	
먹다	食べる		가르치다	教える	
헤엄치다	泳ぐ		오다	来る	
가다	行く		부르다	呼ぶ	
일하다	働く		마시다	飲む	
자다	寝る		듣다	聞く	
일어나다	起きる		만들다	作る	
만나다	会う		돌아오다(가다)	帰る	
타다	乗る		걸다	かける	
피우다, 빨다	吸う		씻다	洗う	

문법 포인트

2 명사·형용사의 て형

① 명사의 て형 : 명사 + で

예 会社員(かいしゃいん) → 会社員で

私(わたし)は 会社員で、 木村(きむら)さんは 医者(いしゃ)です。

② い형용사의 て형 : い + くて

예 おいしい → おいしくて

この 店(みせ)は おいしくて 安(やす)いです。(나열·열거)

暑(あつ)くて ドアを 開(あ)けました。(이유·원인)

③ な형용사의 て형 : だ + で

예 便利(べんり)だ → 便利で

山田(やまだ)さんは まじめで 親切(しんせつ)です。(나열·열거)

ここの 交通(こうつう)は 便利で いいですね。(이유·원인)

명사	예1 先生(せんせい) → 先生で	예2 学生(がくせい) → 学生で
い형용사	예1 おもしろい → おもしろくて	예2 難(むずか)しい → 難しくて
な형용사	예1 にぎやかだ → にぎやかで	예2 静(しず)かだ → 静かで

店(みせ) 가게 | ドア 문 | 開(あ)ける 열다 | まじめだ 성실하다 | 親切(しんせつ)だ 친절하다

3 ～て います　～하고 있습니다

学校の 前で 友達を 待って います。

映画館で 映画を 見て います。

図書館で 勉強して います。

4 ～て ください　～해 주세요

電話番号を 教えて ください。

写真を 撮って ください。

電気を つけて ください。

5 ます형 + ながら　～하면서

音楽を 聞きながら 歩きます。

テレビを 見ながら パンを 食べます。

ギターを 弾きながら 歌を 歌います。

映画館えいがかん 영화관 | 図書館としょかん 도서관 | 電話番号でんわばんごう 전화번호 |

電気でんきを つける 불을 켜다 | 音楽おんがく 음악 | 歩あるく 걷다 | パン 빵 |

ギターを 弾ひく 기타를 치다 | 歌うたを 歌うたう 노래를 부르다

문법 포인트

※ て형 활용 연습 해답

의미	동사	て형	의미	동사	て형
사다	買う	買って	기다리다	待つ	待って
쓰다	書く	書いて	이야기하다	話す	話して
읽다	読む	読んで	나가다	出る	出て
보다	見る	見て	하다	する	して
놀다	遊ぶ	遊んで	되다	なる	なって
걷다	歩く	歩いて	죽다	死ぬ	死んで
쉬다	休む	休んで	찍다	撮る	撮って
먹다	食べる	食べて	가르치다	教える	教えて
헤엄치다	泳ぐ	泳いで	오다	来る	来て
가다	行く	行って	부르다	呼ぶ	呼んで
일하다	働く	働いて	마시다	飲む	飲んで
자다	寝る	寝て	듣다	聞く	聞いて
일어나다	起きる	起きて	만들다	作る	作って
만나다	会う	会って	돌아오다(가다)	帰る	帰って
타다	乗る	乗って	걸다	かける	かけて
피우다, 빨다	吸う	吸って	씻다	洗う	洗って

1.

보기

メールを 書_かく

A 今_{いま}何_{なに}を して いますか。

B <u>メールを 書いて います。</u>

---

1)

日本語_{にほんご}を 教_{おし}える

A 今 何を して いますか。

B ＿＿＿＿＿＿＿＿＿＿＿＿＿＿＿＿＿＿。

---

2)

パンを 作_{つく}る

A 今 何を して いますか。

B ＿＿＿＿＿＿＿＿＿＿＿＿＿＿＿＿＿＿。

---

3)

勉強_{べんきょう}を する

A 今 何を して いますか。

B ＿＿＿＿＿＿＿＿＿＿＿＿＿＿＿＿＿＿。

---

4)

犬_{いぬ}と 遊_{あそ}ぶ

A 今 何を して いますか。

B ＿＿＿＿＿＿＿＿＿＿＿＿＿＿＿＿＿＿。

メール 메일(mail) | 教おしえる 가르치다 | 作つくる 만들다 | 犬いぬ 개

패턴 연습

2.

デパートへ 行く・かばんを 買う・映画を 見る
→ <u>デパートへ 行って かばんを 買って 映画を
見ました。</u>

1)

図書館へ 行く・本を 読む・宿題を する

→ _____。

2)

友達に 会う・コーヒーを 飲む・話す

→ _____。

3)

カラオケへ 行く・歌を 歌う・踊る

→ _____。

ц)

家へ 帰る・夕ごはんを 食べる・テレビを 見る

→ _____。

図書館としょかん 도서관 | 宿題しゅくだい 숙제 | 友達ともだちに 会あう 친구를 만나다 | コーヒー 커피 |

カラオケ 노래방 | 歌うたを 歌うたう 노래를 부르다 | 踊おどる 춤추다 | 夕ゆうごはん 저녁밥 |

テレビ 텔레비전

📖 읽어 봅시다!

 Track 33

<くがつ はつか もくようび は>
9月20日 木曜日 晴れ

<きょう あさはや お かお あら こうえん うんどう い>
今日は朝早く起きて顔を洗ってから公園へ運動しに行きました。

<か ぞく いっしょ あさ た>
運動してから家族と一緒に朝ごはんを食べました。

<いち じ かん の かいしゃ>
それから、1時間ぐらいバスに乗って会社へ行きました。

<し ごと お しちじ ともだち あ えんげき み>
仕事が終わってから、7時に友達に会って一緒に演劇を見ました。

とてもおもしろかったです。

📝

晴はれ 맑음 | 朝早あさはやく 아침 일찍 | 起おきる 일어나다 (て형 : 起きて) |

顔かおを 洗あらう 세수를 하다 (て형 : 洗って) | それから 그리고, 그리고 나서 | 〜ぐらい 〜정도 |

仕事しごとが 終おわる 일이 끝나다 | 〜に 会あう 〜을(를) 만나다 | 演劇えんげき 연극

✏️ 일본어로 써 봅시다!

1. 지금 무엇을 하고 있습니까?

_____

2. 친구를 만나서 영화를 보고 커피를 마셨습니다.

_____

3. 아침 일찍 일어나서 신문을 읽고 있습니다.

_____

한자 연습

🥤 한자 즐기기

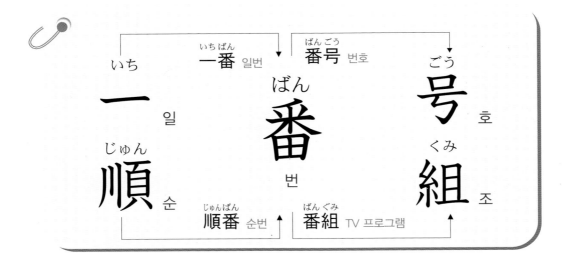

いち 一番 일번 番号 번호 ごう
一 일 番 ばん 号 호
じゅん 번 くみ
順 순 組 조
順番 순번 番組 TV 프로그램

🖌 써 봅시다!

よてい 予定 예정	予定			
えんげき 演劇 연극	演劇			
しゅくだい 宿題 숙제	宿題			
しごと 仕事 일	仕事			
ばんごう 番号 번호	番号			
でんき 電気 전기	電気			

듣기 연습

A. 내용을 듣고 순서대로 올바르게 나열한 것을 고르세요.

 Track 34

가

나

다

라

1) 가 – 라 – 나 – 다

2) 다 – 나 – 가 – 라

3) 다 – 라 – 가 – 나

4) 가 – 다 – 나 – 라

B. 내용을 듣고 그림과 일치하면 ○, 일치하지 않으면 ×를 넣으세요.

 Track 35

1)

(   )

2)

(   )

3)

(   )

4)

(   )

회화 플러스

1. 원하는 선물

→ プレゼントは 何^{なに}が ほしいですか。

선물은 무엇을 갖고 싶습니까? (원합니까?)

 プレゼントは 何が ほしいですか。 선물은 무엇을 갖고 싶습니까?

→ 携帯^{けいたい}が ほしいです。 휴대전화가 갖고 싶습니다.

| 아래 낱말을 써서 밑줄 친 부분과 바꿔서 말해보세요. |

服ふく 옷 | 靴くつ 구두 | 花束はなたば 꽃다발 | 人形にんぎょう 인형 | ペン 펜 | 指輪ゆびわ 반지 |

帽子ぼうし 모자 | かばん 가방 | 香水こうすい 향수

2. 먹고 싶은 것

→ 何が 食^たべたいですか。

무엇을 먹고 싶습니까?

 何が 食べたいですか。 무엇을 먹고 싶습니까?

→ すしが 食べたいです。 초밥이 먹고 싶습니다.

| 아래 낱말을 써서 밑줄 친 부분과 바꿔서 말해보세요. |

飲のみたい 마시고 싶다 | 買かいたい 사고 싶다 | 中華料理ちゅうかりょうり 중화요리 | ピザ 피자 |

紅茶こうちゃ 홍차 | ココア 코코아 | コーヒー 커피 | 財布さいふ 지갑 | 時計とけい 시계

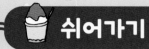

● 삿포로의 관광지

스스키노 거리(すすきの通り)

'스스키노 거리'는 삿포로 쥬오구에 있는 삿포로시 최대의 번화가로, 거리를 중심으로 뻗어 있는 골목 곳곳에 쇼핑몰과 식당, 술집들이 모여 있습니다. 스스키노 거리는 화려한 네온사인을 자랑하는데, 특히 '니카상' 앞은 스스키노 거리의 포토존이라 할 수 있을 만큼 유명합니다.

스스키노거리에서 한 블록만 옮기면 '라멘요코쵸(ラーメン横町)'라는 라멘 골목이 있는데, 멀리서도 라멘 냄새를 맡을 수 있을 정도로 라멘 식당들이 밀집해 있습니다.

▲ 스스키노 거리 '니카상' 앞

오도리 공원(大通公園)

삿포로 역에서 스스키노 거리를 가는 중간 지점에 '오도리 공원'이 있습니다. 오도리 공원은 삿포로시 중심에 있는 도심공원으로 동서로 약 1.5km, 폭 105m의 산책로를 중심으로 양쪽으로 높은 빌딩들이 늘어서 있습니다.

오도리 공원은 1년 내내 다양한 축제가 열리기로 유명한데, 2월에 열리는 세계적으로 유명한 눈축제를 시작으로, 5월에는 라일락축제, 6월~7월에는 꽃축제, 7월~8월에는 삿포로 여름축제, 9월~10월에는 삿포로 가을축제 등이 열립니다.

▲ 오도리 공원

07 どこに 住^すんで いますか。

어디에 살고 있습니까?

포인트 스피치 Track 37

" 지금 비가 내리고 있습니다.

나는 음악을 들으면서 친구에게 메일을 쓰고 있습니다.

친구는 1년 전에 결혼해서 미국에 살고 있습니다.

내년에 나는 친구를 만나러 갈 생각입니다.

今^{いま} 雨^{あめ}が 降^ふって います。

私^{わたし}は 音楽^{おんがく}を 聞^ききながら 友達^{ともだち}に メールを 書^かいて います。

友達^{ともだち}は 一年前^{いちねんまえ}に 結婚^{けっこん}して アメリカに 住^すんで います。

来年^{らいねん} 私^{わたし}は 友達^{ともだち}に 会^あいに 行^いく つもりです。 "

🔴 Track 38

青木 _{あおき}	雨が たくさん 降って いますね。 _{あめ}　_ふ 里美さんは 傘を 持って いますか。 _{さとみ}　_{かさ}　_も
里美 _{さとみ}	いいえ、私は 持って いません。 _{わたし}
青木 _{あおき}	里美さんは どこに 住んで いますか。 _す
里美	この 近くに 住んで います。 _{ちか}
青木	じゃ、私の 傘で 一緒に 行きましょう。 _{いっしょ}　_い

〈歩きながら〉
_{ある}

青木	里美さんは 独り暮らしですか。 _{ひと}　_く
里美	いいえ、夫と 一緒に 住んで います。 _{おっと}
青木	え！ 結婚して いるんですか。 _{けっこん}

雨あめが 降ふる 비가 내리다 | たくさん 많이 | 傘かさ 우산 | 持もつ 갖다, 들다 | ～に 住すむ ～에 살다 |

近ちかく 근처 | 行いきましょう 갑시다 | 独ひとり暮ぐらし 혼자 삶, 독신 생활 | 夫おっと 남편 |

結婚けっこん 결혼 | ～んです ～입니다, ～인데요 (회화체)

문법 포인트

1 ～て いる 용법

① 현재 진행

音楽を 聞いて います。 음악을 듣고 있습니다.

映画を 見て います。 영화를 보고 있습니다.

② 자연현상

雨が 降って います。 비가 내리고 있습니다.

風が 吹いて います。 바람이 불고 있습니다.

③ 상태

田中さんを 知って いますか。 다나카 씨를 알고 있습니까?

どこに 住んで いますか。 어디에 살고 있습니까?

結婚して いますか。 결혼했습니까?

車を 持って います。 차를 갖고 있습니다.

Q 朝ご飯を 食べましたか。 아침밥을 먹었습니까?

A1 はい、食べました。 네, 먹었습니다.

A2 いいえ、まだ 食べて いません。(○) 아니요. 아직 안 먹었습니다.

いいえ、まだ 食べませんでした。(×)

雨あめが 降ふる 비가 내리다 | 風かぜが 吹ふく 바람이 불다 | 結婚けっこん 결혼 | 車くるま 차 |

朝あさご飯はん 아침밥

94

④ 착용

帽子を かぶって います。
ぼうし

모자를 쓰고 있습니다.

眼鏡を かけて います。
め がね

안경을 쓰고 있습니다.

ネクタイを しめて います。

넥타이를 매고 있습니다.

スーツを 着て います。

양복을 입고 있습니다.

ブラウスを 着て います。

블라우스를 입고 있습니다.

ズボンを はいて います。

바지를 입고 있습니다.

靴を はいて います。
くつ

구두를 신고 있습니다.

ピアスを して います。

귀고리를 하고 있습니다.

着る
き
(スーツ
ブラウス
コート…)

はく
(スカート
ズボン
くつ…)

2 〜に 住む 〜에 살다

A 妹 さんは どこに 住んで いますか。
いもうと　　　　　　　す

B 東京に 住んで います。
とうきょう

帽子ぼうしを かぶる 모자를 쓰다 | 眼鏡めがねを かける 안경을 쓰다 |

ネクタイを しめる 넥타이를 매다 | スーツを 着きる 양복을 입다 | ブラウスを 着きる 블라우스를 입다 |

ズボンを はく 바지를 입다 | 靴くつを はく 구두를 신다 | ピアスを する 귀고리를 하다 |

妹いもうと 여동생 | 東京とうきょう 도쿄

패턴 연습

1.

보기

この 映画を 見ましたか。

→ はい、見ました。/ いいえ、まだ 見て いません。

1) 朝ごはんを 食べましたか。

→ _____。/ _____。

2) ホテルの 予約を しましたか。

→ _____。/ _____。

3) この 小説を 読みましたか。

→ _____。/ _____。

2.

보기

キムさんは どこで 住んで いますか。 → ② どこで → どこに
　　　　①　　②　　③　　　④

1) キムさんは まだ 結婚しって いません。
　　　　　　①　　　②　　③

→ _____

2) その 映画は 見て ありません。
　　①　　　②　　③

→ _____

3) イさんは スカートを 着て います。
　　　　　①　　　②　　③

→ _____

3. 보기

青木<ruby>あお<rt></rt></ruby>さんは どんな かっこうを して いますか。

→ 帽子<ruby>ぼうし<rt></rt></ruby>を かぶって います。

スーツを 着<ruby>き<rt></rt></ruby>て います。

ネクタイを しめて います。

靴<ruby>くつ<rt></rt></ruby>を はいて います。

1)

里美<ruby>さとみ<rt></rt></ruby>さんは どんな かっこうを して いますか。

→ ワンピースを ＿＿＿＿＿＿＿＿＿。

赤<ruby>あか<rt></rt></ruby>い 靴を ＿＿＿＿＿＿＿＿＿。

かばんを ＿＿＿＿＿＿＿＿＿。

2)

佐藤<ruby>さとう<rt></rt></ruby>さんは どんな かっこうを して いますか。

→ セーターを ＿＿＿＿＿＿＿＿＿。

ベルトを ＿＿＿＿＿＿＿＿＿。

ズボンを ＿＿＿＿＿＿＿＿＿。

スニーカーを ＿＿＿＿＿＿＿＿＿。

ホテル 호텔(hotel) | 予約よやく 예약 | 小説しょうせつ 소설 | スカート 스커트(skirt) | かっこう 옷차림, 모습 |

帽子ぼうしを かぶる 모자를 쓰다 | スーツを 着きる 양복을 입다 | ネクタイ 넥타이 |

靴くつを はく 구두를 신다 | ワンピース 원피스 | 赤あかい 빨갛다 | セーター 스웨터(sweater) |

ベルト 벨트(belt) | ズボン 바지 | スニーカー 스니커즈, 운동화

독해·작문

 📖 **읽어 봅시다!**

Track 39

私は去年まで一人で住んでいましたが、

今年の２月に結婚して妻と一緒に仁川に住んでいます。

妻と私は２年前に友達の紹介で出逢いました。

紹介の日に妻はかわいい帽子をかぶって、青いブラウスを着て、

スカートをはいて来ました。とてもきれいでした。

去年きょねん 작년 │ 一人ひとりで 혼자서 │ 妻つま 처, 아내 │ ～に 住すむ ～에 살다 │ 紹介しょうかい 소개 │

出逢であう 만나다 │ 帽子ぼうしを かぶる 모자를 쓰다 │ 青あおい 파랗다 │ ブラウス 블라우스

 ✏️ **일본어로 써 봅시다!**

1. 결혼했습니까? / 네, 결혼했습니다.

_____

2. 어디에 살고 있습니까? / 도쿄에 살고 있습니다.

_____

3. 비가 많이 오네요. 우산을 갖고 있습니까?

_____

한자 연습

🍵 한자 즐기기

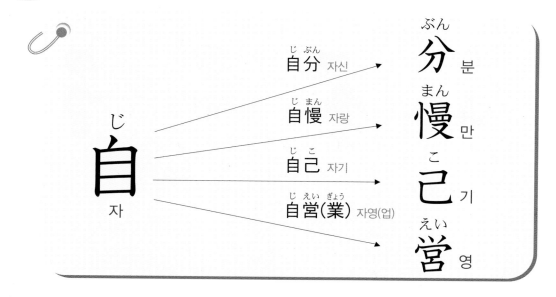

けっ こん **結婚** 결혼	結婚			
め がね **眼鏡** 안경	眼鏡			
つま **妻** 처, 아내	妻			
かさ **傘** 우산	傘			
ぼう し **帽子** 모자	帽子			
あめ **雨** 비	雨			

✏ 써 봅시다!

듣기 연습

A. 내용을 듣고 스즈키 씨의 여동생은 누구인지 맞혀 보세요.

 Track 40

1)

2)

3)

4)

정답 (   )

B. 다나카 씨에 대한 설명을 듣고 맞으면 ○, 틀리면 ×를 넣으세요.

 Track 41

	_{た なか} 田中
_{じゅうしょ} 住所	_{とうきょう と しんじゅく く よ や に の じゅう} 東京都 新宿区 四ツ谷 2－10
_{けっこん} 結婚	して いる（○）　　して いない（　）
_{くるま} 車	_も 持って いる（○）　持って いない（　）
_{しゅ み} 趣味	_{すいえい} 水泳

1) (   )

2) (   )

3) (   )

4) (   )

회화 플러스

 Track 42

1. 결혼 여부

→ 結婚して いますか。
결혼했습니까?

예 山田さんは 結婚して いますか。 야마다 씨는 결혼했습니까?

　→ ① はい、結婚して います。 네, 결혼했습니다.

　　② いいえ、結婚して いません。 아니요, 결혼 안 했습니다.

| 아래 낱말을 써서 밑줄 친 부분과 바꿔서 말해보세요. |

まだです 아직입니다 | 独ひとり暮ぐらしです 독신입니다, 혼자 살고 있습니다

2. 사는 곳

→ どこに 住んで いますか。
어디에 살고 있습니까?

예 どこに 住んで いますか。 어디에 살고 있습니까?

　→ 仁川に 住んで います。 인천에 살고 있습니다.

| 아래 낱말을 써서 밑줄 친 부분과 바꿔서 말해보세요. |

東京とうきょう 도쿄 | 大阪おおさか 오사카 | ソウル 서울 | 韓国かんこく 한국

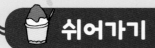
● 후쿠오카의 관광지

후쿠오카 타워(福岡タワー)

‘후쿠오카 타워’는 후쿠오카를 상징하는 타워로, 해변 레저 지역으로 유명한 ‘시사이드 모모치(シーサイドももち)’ 해변 중앙에 위치해 있습니다. 234m의 높이를 자랑하는 후쿠오카 타워는 해변에 세워진 타워로는 가장 높은 타워로, 5층에 위치한 전망대에서는 후쿠오카 시내는 물론, 하카타 만까지 조망할 수 있습니다. 밤이 되면 타워 전체에 조명을 밝혀 아름다운 장관을 연출하고, 크리스마스와 같은 특별한 날에는 더욱 화려한 일루미네이션을 선보여 관광객뿐 아니라 시민들에게도 사랑을 받고 있습니다.

후쿠오카 타워▶

난조인(南蔵院)

후쿠오카시에서 조금 벗어난 후쿠오카현 가스야군에 위치한 사찰 ‘난조인’ 내에는 세계 최대 규모인 청동와불상이 있습니다. 와불상의 전체 길이는 41m, 무게는 무려 300톤에 달합니다. 이 불상의 손에는 오색의 끈이 묶어져 늘어져 있는데, 그 이유는 11m 위의 불상의 손을 잡는다는 것은 불가능하기 때문에 끈을 잡고 소원을 빌기 위함이라고 합니다.

난조인 내는 아름다운 자연에 둘러싸여 있을 뿐 아니라 여러 동상이 놓여 있어 산책 겸 경내를 둘러보는 재미도 있습니다.

▲ 청동와불상

하우스텐보스(ハウステンボス)

하우스텐보스는 나가사키현에 있지만, 후쿠오카 하카타 버스터미널에서 버스로 약 2시간이면 갈 수 있기 때문에, 후쿠오카 여행을 한다면 꼭 찾게 되는 테마파크로 유명합니다.

단독 테마파크로는 일본 최대 규모인 하우스텐보스는 17세기 중세 네덜란드를 그대로 재현해 '일본 속의 네덜란드'로 알려져 있습니다. 네덜란드어로 '숲속의 집'이라는 뜻의 하우스텐보스에 들어서면 작은 도시가 연상되며, 이 도시 사이로 작은 운하가 가로지르고 있습니다. 큰 규모를 자랑하는 만큼 내부에서 이동하기 위한 수단으로, 버스, 자전거, 배를 이용하고 있습니다.

입장권의 종류로는 1일권, 2일권, 3일권이 있고, 1일권 중에서도 모든 시설을 이용할 수 있는 1일 패스포트와 입장 후에 테마파크 안을 둘러볼 수만 있는 산책권 등, 종류가 다양하기 때문에 여행 계획에 맞춰 자신에게 맞는 입장권을 구입하는 것이 좋습니다. 다른 테마파크에 비해 어트랙션은 화려하진 않지만, 유럽을 테마로 한 테마파크인 만큼 어디를 가나 유럽을 여행하는 것 같은 경치에 관광객의 발길이 끊이지 않고 있습니다.

후쿠오카

하우스텐보스

하우스텐보스 일루미네이션 ▶

▲ 하우스텐보스 튤립 축제

08

妹も つれて 行っても
いいですか。

여동생도 데리고 가도 됩니까?

포인트 스피치　 Track 43

여기는 매우 유명한 곳입니다.

시간이 별로 없어서 1시간 이내로 보고 오세요.

여기에서는 사진을 찍어도 됩니다만,

저 빌딩 안에서는 찍으면 안 됩니다.

ここは とても 有名な 所です。

時間が あまり ないので、1時間 以内に 見て きて ください。

ここでは 写真を 撮っても いいですが、

あの ビルの 中では 撮っては いけません。

기본 회화

 Track 44

キム	最近 5キロも 太って しまって、運動したいんですが、
	時間が あまり ありません。
	妹も したがって いますが、なかなか できません。
木村	キムさん、里美さんは 運動して 10キロも やせましたよ。
キム	え〜。うらやましいですね。
木村	私も 来週から スポーツクラブに 通う つもりですが、
	一緒に 行きませんか。
キム	それは いいですね。妹も つれて 行っても いいですか。
木村	もちろん!! 一緒に 頑張りましょう。

 ～んです ～인데요, ～인 것입니다 | 時間じかん 시간 | ～たがる ～하고 싶어하다 | なかなか 좀처럼 |
できません 못 합니다, 할 수 없습니다 | やせる 살 빠지다, 야위다 | うらやましい 부럽다 |
スポーツクラブ 스포츠 클럽(sports club) | ～に 通かよう ～에 다니다 | ～つもり ～할 예정(작정) |
つれる 동반하다, 데리고 가다 | もちろん 물론 | 頑張がんばる 노력하다, 열심히 하다

문법 포인트

① て형 활용 Ⅱ

~て みる	~해 보다	예 食べて みる
~て おく	~해 놓다(두다)	예 食べて おく
~て いる + 명사	~하고 있는 + 명사	예 食べて いる 人
~て しまう	~해 버리다	예 食べて しまう
~ても いいです	~해도 됩니다	예 食べても いいです
~ては いけません	~해서는 안 됩니다	예 食べては いけません
~てばかり いる	~하고만 있다	예 一日中 食べてばかり いる

② ~て しまう   ~해 버리다

妹が 私の パンを 食べて しまいました。(완료)

家に ある ビールを 全部 飲んで しまいました。(완료)

忙しくて 宿題を 忘れて しまいました。(유감·후회)

3 **〜たい** ~하고 싶다 / **〜たがる** ~하고 싶어하다

1인칭 · 2인칭	3인칭
行_いきたい	行きたがる
会_あいたい	会いたがる
勉強_{べんきょう}したい	勉強したがる

① 私_{わたし}は 日本_{にほん}へ 行きたいです。

　 キムさんは 日本へ 行きたがって います。

② 私は 英語_{えいご}が 勉強_{べんきょう}したいです。

　 弟_{おとうと}は 英語を 勉強したがって います。

[참고] -

ほしい 갖고 싶다, 원하다 / **ほしがる** 갖고 싶어하다

私は デジカメが ほしいです。

キムさんは デジカメを ほしがって います。

※ 〜がる ~해하다

1인칭 · 2인칭	3인칭
ほしい	ほしがる
こわい	こわがる
難_{むずか}しい	難しがる

パン 빵 | ビール 맥주 | 忙_{いそが}しい 바쁘다 | 宿題_{しゅくだい} 숙제 | 忘_{わす}れる 잊다 |

デジカメ 디지털카메라, 디카 | こわい 무섭다

문법 포인트

ㄴ **～ても いいです** ~해도 됩니다
～ては いけません ~해서는 안 됩니다

ひらがなで 書いても いいですか。
日本語で 話しても いいですか。
ここで 写真を 撮っては いけません。

※ 활용

食べる 먹다	買う 사다	書く 쓰다	飲む 마시다
食べて みる 먹어 보다	買って みる	書いて みる	飲んで みる
食べて おく 먹어 두다	買って おく	書いて おく	飲んで おく
食べて いる 人 먹고 있는 사람	買って いる 人	書いて いる 人	飲んで いる 人
食べて しまう 먹어 버리다	買って しまう	書いて しまう	飲んで しまう
食べても いいです 먹어도 됩니다	買っても いいです	書いても いいです	飲んでも いいです
食べては いけません 먹으면 안 됩니다	買っては いけません	書いては いけません	飲んでは いけません
食べてばかり いる 먹고만 있다	買ってばかり いる	書いてばかり いる	飲んでばかり いる

ひらがなで 히라가나로 | 話はなす 이야기하다 | 写真しゃしん 사진 | 撮とる 찍다

패턴 연습

1. 보기

開^あけても いいですか。

→ <u>はい、開けても いいです。</u>

<u>いいえ、開けては いけません。</u>

1)

ここに 座^{すわ}っても いいですか。

→ _____。

_____。

2)

ここに 車^{くるま}を 止^とめても いいですか。

→ _____。

_____。

3)

田中^{たなか}さんと 結婚^{けっこん}しても いいですか。

→ _____。

_____。

ц)

お風呂^{ふろ}に 入^{はい}っても いいですか。

→ _____。

_____。

開あける 열다 | 座すわる 앉다 | 止とめる 세우다 | 結婚けっこん 결혼 | お風呂ふろに 入はいる 목욕하다

패턴 연습

2.

보기

寝る　→　<u>一日中 寝てばかり います。</u>

1) 働く　→　＿＿＿＿＿＿＿＿＿＿＿＿＿＿＿＿＿＿。

2) 勉強する　→　＿＿＿＿＿＿＿＿＿＿＿＿＿＿＿＿＿＿。

3) 食べる　→　＿＿＿＿＿＿＿＿＿＿＿＿＿＿＿＿＿＿。

4) 遊ぶ　→　＿＿＿＿＿＿＿＿＿＿＿＿＿＿＿＿＿＿。

3.

보기

本を 読む　→　<u>本を 読んで しまいました。</u>

1) 犬が 死ぬ　→　＿＿＿＿＿＿＿＿＿＿＿＿＿＿＿。

2) 食べる　→　＿＿＿＿＿＿＿＿＿＿＿＿＿＿＿。

3) 子供が 泣く　→　＿＿＿＿＿＿＿＿＿＿＿＿＿＿＿。

一日中いちにちじゅう 하루 종일 | 働はたらく 일하다 | 遊あそぶ 놀다 | 犬いぬ 개 | 死しぬ 죽다 |

子供こども 아이 | 泣なく 울다

읽어 봅시다!　　　　　　　　　　　　　　 Track 45

きょう　わたし　　　　　　　　　　　さが　　　ふ どうさん や　　い
今日、私はアパートを探しに不動産屋へ行ってきました。

やす　　　　　　　　　　えき　　　ある　　にじゅっぷん　　　　　　　　　　おお
安いアパートは駅から歩いて20分ぐらいのものが多かったです。

でも、私はすこし高くても駅から近い所がいいと思います。
　　　　　　　　たか　　　　　　　　　ちか　ところ　　　　　おも

いちばん き　い　　　　　　　　　　　　ご　ふん
一番気に入った所は駅から歩いて５分ぐらいの所で、

や ちん　　ろくまん ご せんえん
家賃は６万５千円でした。

今日は一日中歩いてばかりで、足がとても痛かったです。
　　　いちにちじゅう　　　　　　　あし　　　　いた

探さがす 찾다 | 不動産屋ふどうさんや 부동산 | 所ところ 곳 | 〜と 思おもいます 〜라고 생각합니다 |

気きに 入いる 마음에 들다 (과거형 : 気に 入った) | 家賃やちん 집세

 일본어로 써 봅시다!

1. 하루 종일 텔레비전을 보고만 있습니다.

_____

2. 술을 마시고 운전해서는 안 됩니다.

_____

3. 여기에서 사진을 찍어도 됩니까?

_____

한자 연습

🐹 한자 즐기기

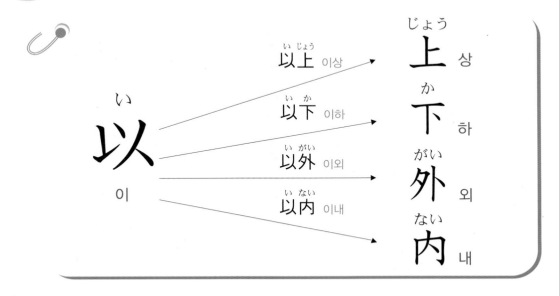

以 い
이

以上 いじょう 이상 → 上 じょう 상

以下 いか 이하 → 下 か 하

以外 いがい 이외 → 外 がい 외

以内 いない 이내 → 内 ない 내

🖌 써 봅시다!

家賃 やちん 집세	家賃			
所 ところ 곳, 장소	所			
時間 じかん 시간	時間			
以上 いじょう 이상	以上			
風呂 ふろ 목욕, 욕조	風呂			
一日中 いちにちじゅう 하루종일	一日中			

듣기 연습

A. 내용을 듣고 다음 그림 중에서 의사가 기무라 씨에게 금지한 사항을 하나만 고르세요.

1)

2)

3)

정답 (   )

B. 내용을 듣고 다음 그림 중에서 금지한 사항을 하나만 고르세요.

1)

2)

3)

ц)

정답 (   )

회화 플러스

 Track 48

1. 장소

➡ **場所<small>ばしょ</small>は どこに しましょうか。**

장소는 어디로 할까요?

 場所は どこに しましょうか。 장소는 어디로 할까요?

　　➡ ① お台場<small>だいば</small>は どうですか。 오다이바는 어떻습니까?

　　　② 私<small>わたし</small>は お台場へ 行<small>い</small>って みたいです。 나는 오다이바에 가 보고 싶습니다.

| 아래 낱말을 써서 밑줄 친 부분과 바꿔서 말해보세요. |

さっぽろ 삿포로 | ホテル 호텔 | **温泉旅館**おんせんりょかん 온천여관 | **海**うみ 바다 | **山**やま 산 |

湖みずうみ 호수 | **美術館**びじゅつかん 미술관

2. 가능 여부

➡ **ここで 写真<small>しゃしん</small>を 撮<small>と</small>っても いいですか。**

여기에서 사진을 찍어도 됩니까?

 ここで 写真を 撮っても いいですか。 여기에서 사진을 찍어도 됩니까?

　　➡ ① はい、 撮っても いいです。 네, 찍어도 됩니다.

　　　② いいえ、 撮っては いけません。 아니요, 찍으면 안 됩니다.

| 아래 낱말을 써서 밑줄 친 부분과 바꿔서 말해보세요. |

コーヒーを **飲**のむ 커피를 마시다 | **車**くるまを **止**とめる 차를 세우다 | ここに **座**すわる 여기에 앉다 |

日本語にほんごで **話**はなす 일본어로 이야기하다 | **窓**まどを **開**あける 창문을 열다

● 오키나와

　　일본 최남단에 위치한 류큐제도의 오키나와현은 크고 작은 여러 섬으로 구성되어 있습니다. 일반적으로 오키나와라고 하면 오키나와현에서 가장 크고 중심이 되는 본섬을 가리킵니다. 오키나와현은 크게 본섬과 다섯 개의 섬(제도)으로 나뉘고, 본섬은 크게 북부, 중부, 남부 지역으로 나뉩니다.

〈오키나와 본섬〉

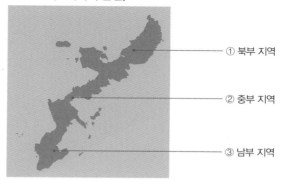

① 북부 지역

② 중부 지역

③ 남부 지역

① 북부 지역

　　오키나와 북부 지역에서는 그 지역에서만 서식하는 귀중한 동식물들을 만날 수 있을 뿐만 아니라 일 년 내내 푸른 조엽수림을 볼 수 있습니다. 또한 해양박공원과 츄라우미(美ら海) 수족관, 비세노 후쿠기(備瀬のフクギ) 가로수길 등이 유명합니다.

② 중부 지역

　　고급 휴양지가 모여 있는 중부 지역은 주로 가족 단위의 여행객들이 선호하는 지역입니다. 미군 기지의 영향으로 미국식 건물과 간판을 쉽게 볼 수 있고, 자탄초 미하마에 위치한 아메리칸 빌리지는 젊은이들의 쇼핑거리로 유명합니다.

③ 남부 지역

　　나하 공항이 자리잡고 있는 남부 지역은 오키나와현의 정치, 경제, 문화의 중심지입니다. 나하에는 슈리성터를 비롯하여 총 4곳이 유네스코 세계문화 유산으로 등재되어 있습니다.

슈리성터 ▶

09

日本へ 行った ことが ありますか。

にほん　い

일본에 간 적이 있습니까?

" 저는 1년 전에 오사카에 간 적이 있습니다.

역에서 가까운 편이 좋기 때문에 저는 LK호텔을 예약했습니다.

이 호텔은 생긴 지 얼마 안 됐기 때문에 참 깨끗하고

교통도 편리했습니다.

私は 一年 前に 大阪へ 行った ことが あります。
わたし　いちねん　まえ　おおさか　い

駅から 近い 方が いいので、私は ＬＫホテルを 予約しました。
えき　ちか　ほう　よやく

この ホテルは できた ばかりだったので とても きれいで、

交通も 便利でした。 "
こうつう　べんり

Track 50

〈写真を 見ながら〉

ワン　キムさんは 上野公園へ 行った ことが ありますか。

キム　はい、2年前に 行った ことが あります。

ワン　公園の 中に ある 美術館へ 行って みましたか。

とても 立派な 美術館です。

キム　そうなんですか。知りませんでした。

ところで、日本へ 行った 時、

私は 日本語の 勉強を 始めた ばかりだったので、

日本語で 話すのが 難しかったんです。

ワン　そうですか。最初は、簡単な 会話の 表現ぐらいは

勉強して おいた 方が いいですね。

 写真しゃしん 사진 | 美術館びじゅつかん 미술관 | 立派りっぱだ 훌륭하다 | 知りりませんでした 몰랐습니다 |

ところで 그런데 | 〜た 時とき 〜했을 때 | 始はじめる 시작하다 | 〜た ばかりだ 갓 〜하다, 막 〜하다 |

最初さいしょ 최초, 맨처음 | 会話かいわ 회화 | 表現ひょうげん 표현 | 〜ぐらい 〜정도 | 〜て おく 〜해 두다

문법 포인트

① 동사의 た형

1그룹 동사 (5단동사)	う・つ・る → った	会う → 会った
	ぬ・む・ぶ → んだ	飲む → 飲んだ
	く → いた	書く → 書いた
	ぐ → いだ	泳ぐ → 泳いだ
	す → した	話す → 話した
	★ 帰る → 帰った	★ 帰る → 帰った
	(예외) ★ 行く → 行った	★ 行く → 行った
2그룹 동사 (상1단동사 하1단동사)	る + た	見る → 見た 起きる → 起きた 食べる → 食べた 寝る → 寝た
3그룹 동사 (カ행변격동사 サ행변격동사)	来る → 来た する → した	来る → 来た 勉強する → 勉強した

문법

~た ことが あります	~한 적이 있습니다	예 行った ことが あります
~た 方が いいです	~하는 편이 낫습니다	예 行った 方が いいです
~た ばかりです	~한 지 얼마 안 됐습니다	예 行った ばかりです
~た + 명사	~한(했던) + 명사	예 日本へ 行った 時

※ た형 활용 연습(해답 121쪽)

의미	동사	た형	의미	동사	た형
사다	買う		기다리다	待つ	
쓰다	書く		이야기하다	話す	
읽다	読む		나가다	出る	
보다	見る		하다	する	
놀다	遊ぶ		되다	なる	
걷다	歩く		죽다	死ぬ	
쉬다	休む		찍다	撮る	
먹다	食べる		가르치다	教える	
헤엄치다	泳ぐ		오다	来る	
가다	行く		부르다	呼ぶ	
일하다	働く		마시다	飲む	
자다	寝る		듣다	聞く	
일어나다	起きる		만들다	作る	
만나다	会う		돌아오다(가다)	帰る	
타다	乗る		걸다	かける	
피우다, 빨다	吸う		씻다	洗う	

2 ～た ことが あります ～한 적이 있습니다

この 本を 読んだ ことが あります。

あの 映画を 見た ことが ありますか。

アメリカへ 行った ことは 一度も ありません。

3 ～た 方が いいです ～하는 편이 낫습니다(좋습니다)

手紙より 電話を した 方が いいです。

それは 先生に 聞いた 方が いいです。

タクシーより バスに 乗った 方が いいです。

4 ～た ばかりです ～한 지 얼마 안 됐습니다, (지금) 막 ～했습니다

私は 韓国へ 来た ばかりです。

この 木は 最近 できた ばかりです。

今 着いた ばかりです。

読よむ 읽다 | アメリカ 미국(America) | 一度いちども 한 번도 | 手紙てがみ 편지 | 電話でんわ 전화 |

聞きく 묻다, 듣다 | タクシー 택시(taxi) | バス 버스(bus) | ～に 乗のる ～을(를) 타다 | 韓国かんこく 한국 |

最近さいきん 최근 | 着つく 도착하다

※ た형 활용 연습 해답

의미	동사	た형	의미	동사	た형
사다	買う	買った	기다리다	待つ	待った
쓰다	書く	書いた	이야기하다	話す	話した
읽다	読む	読んだ	나가다	出る	出た
보다	見る	見た	하다	する	した
놀다	遊ぶ	遊んだ	되다	なる	なった
걷다	歩く	歩いた	죽다	死ぬ	死んだ
쉬다	休む	休んだ	찍다	撮る	撮った
먹다	食べる	食べた	가르치다	教える	教えた
헤엄치다	泳ぐ	泳いだ	오다	来る	来た
가다	行く	行った	부르다	呼ぶ	呼んだ
일하다	働く	働いた	마시다	飲む	飲んだ
자다	寝る	寝た	듣다	聞く	聞いた
일어나다	起きる	起きた	만들다	作る	作った
만나다	会う	会った	돌아오다(가다)	帰る	帰った
타다	乗る	乗った	걸다	かける	かけた
피우다, 빨다	吸う	吸った	씻다	洗う	洗った

패턴 연습

1.

보기

_に_{ほん} _い
日本へ 行く

→ <u>日本へ 行った ことが ありますか。</u>

1)

_{しょうせつ} _よ
小説を 読む

→ _____ 。

2)

_{げいのうじん} _あ
芸能人に 会う

→ _____ 。

3)

_ひ_{こう}_き _の
飛行機に 乗る

→ _____ 。

4)

_に_{ほん}_ご _{べんきょう}
日本語を 勉強する

→ _____ 。

小説しょうせつ 소설 | 芸能人げいのうじん 연예인 | 飛行機ひこうきに 乗のる 비행기를 타다 |

勉強べんきょう 공부

2. 보기

ゆっくり 休<small>やす</small>む

どうしたら いいですか。

→ <u>ゆっくり 休<small>やす</small>んだ 方<small>ほう</small>が いいです。</u>

1)

病院<small>びょういん</small>へ 行<small>い</small>く

どうしたら いいですか。

→ _____ 。

2) 일등 신랑감

木村<small>き むら</small>さんと 結婚<small>けっこん</small>する

どうしたら いいですか。

→ _____ 。

3) 빵!

静<small>しず</small>かな 所<small>ところ</small>を 探<small>さが</small>す

どうしたら いいですか。

→ _____ 。

どうしたら いいですか 어떻게 하면 되겠습니까? | ゆっくり 休<small>やす</small>む 푹 쉬다 | 病院<small>びょういん</small> 병원 |

結婚<small>けっこん</small> 결혼 | 静<small>しず</small>かだ 조용하다 | 所<small>ところ</small> 곳, 장소 | 探<small>さが</small>す 찾다

패턴 연습

3.

> 보기

　空港<ruby>空港<rt>くうこう</rt></ruby>に 着<ruby>着<rt>つ</rt></ruby>いた → <u>空港に 着いた ばかりです。</u>

1) 今<ruby>今<rt>いま</rt></ruby> 起<ruby>起<rt>お</rt></ruby>きる　　　→ _____ 。

2) 日本語<ruby>日本語<rt>にほんご</rt></ruby>を 始<ruby>始<rt>はじ</rt></ruby>める　→ _____ 。

3) ご飯<ruby>飯<rt>はん</rt></ruby>を 食<ruby>食<rt>た</rt></ruby>べる　　→ _____ 。

4. 동사의 た형 활용에 맞게 빈칸을 채우세요.

食べる 먹다	作る 만들다	見る 보다	会う 만나다
食べた 먹었다			
食べた 料理 먹었던 요리	映画	ドラマ	人
食べた ことが ある 먹은 적이 있다			
食べた 方が いい 먹는 편이 낫다			
食べた ばかりです 먹은 지 얼마 안 됐습니다			

空港<ruby>空港<rt>くうこう</rt></ruby> 공항 | ～に 着<ruby>着<rt>つ</rt></ruby>く ～에 도착하다 | 始<ruby>始<rt>はじ</rt></ruby>める 시작하다 | ご飯<ruby>飯<rt>はん</rt></ruby> 밥 | ドラマ 드라마(drama)

읽어 봅시다!

 Track 51

7月8日 木曜日 くもり ときどき 雨

今日は忙しい一日だった。9時に大事な会議があったので、

朝ご飯を食べてからすぐ家を出た。

会社に着いて会議の書類を読んだ。

新しいプロジェクトについて2時間ぐらい会議をした。

12時に同僚と一緒に会社の近くで昼ご飯を食べた。

くもり 흐림 | ときどき 때때로 | 忙いそがしい 바쁘다 | 一日いちにち 하루 | 大事だいじだ 중요하다 |

会議かいぎ 회의 | 家うちを出でる 집을 나오다 | 書類しょるい 서류 | プロジェクト 프로젝트(project) |

〜について 〜에 대해서 | 同僚どうりょう 동료 | 近ちかく 근처 | 昼ひるご飯はん 점심밥

 일본어로 써 봅시다!

1. 일본에 간 적이 있습니까?

_____

2. 편지보다 전화를 하는 편이 좋습니다.

_____

3. 일본어를 배운 지 얼마 안 됐습니다.

_____

정답 1. 日本(にほん)へ 行(い)った ことが ありますか。
2. 手紙(てがみ)より 電話(でんわ)を した 方(ほう)が いいです。
3. 日本語(にほんご)を 習(なら)った ばかりです。

한자 연습

한자 즐기기

써 봅시다!

しょう せつ 小説 소설	小説			
ひょう げん 表現 표현	表現			
び じゅつ かん 美術館 미술관	美術館			
でん わ 電話 전화	電話			
かい わ 会話 회화	会話			
ひ こう き 飛行機 비행기	飛行機			

126

A. 내용을 듣고 질문에 대한 올바른 답을 1, 2, 3, 4 중에서 고르세요.　🔊 Track 52

정답 (　　　　)

B. 김 씨와 이 씨의 대화입니다. 내용을 듣고 빈 칸에 다녀온 곳에는 ○,　🔊 Track 53
가 보지 못한 곳에는 ×를 넣으세요.

場所 名前	温泉	相撲	カラオケ
キム			
イ			

회화 플러스

 Track 54

1. 경험

→ **日本へ 行った ことが ありますか。**
にほん   い

일본에 간 적이 있습니까?

 日本へ 行った ことが ありますか。 일본에 간 적이 있습니까?

→ ① はい、一度 あります。 2年前に 行った ことが あります。
　　　　　 いち ど　　　　　　 に ねんまえ

　　　네, 한 번 있습니다. 2년 전에 간 적이 있습니다.

　　② いいえ、ありません。 아니요, 없습니다.

| 아래 낱말을 써서 밑줄 친 부분과 바꿔서 말해보세요. |

中国ちゅうごく 중국 | ドイツ 독일 | グアム 괌 | アメリカ 미국 | フランス 프랑스 | ホンコン 홍콩 |

演劇えんげきを 見みる 연극을 보다 | この 小説しょうせつを 読よむ 이 소설을 읽다 |

4年前よねんまえに 4년 전에

2. 조언 받기

→ **調子が 悪いです。** 컨디션이 안 좋습니다.
ちょう し　 わる

 調子が 悪いです。 컨디션이 안 좋습니다.

どうした 方が いいですか。 어떻게 하는 게 좋습니까?
　　　　 ほう

→ ゆっくり 休んだ 方が いいです。 푹 쉬는 편이 좋습니다.
　　　　 やす

| 아래 낱말을 써서 밑줄 친 부분과 바꿔서 말해보세요. |

病院びょういん へ 行いく 병원에 가다 | 薬くすりを 飲のむ 약을 먹다 |

早はやく 家うちへ 帰かえる 일찍 집에 돌아가다 | ゆっくり 寝ねる 푹 자다 |

会社かいしゃを やめる 회사를 그만두다

● 일본의 유명 테마파크

도쿄 디즈니리조트(東京ディズニーリゾート)

　'도쿄 디즈니리조트'는 일본 지바현 우라야스시에 있는 대규모 테마파크로, 1983년 개장한 '도쿄 디즈니랜드(東京ディズニーランド)'와 2001년 개장한 '도쿄 디즈니씨(東京ディズニーシー)', 호텔로 조성되어 있습니다. 도쿄 디즈니랜드는 7개의 '테마 랜드'로 구성되어 있어 개인의 취향에 맞춰 다양하게 즐길 수 있습니다. 디즈니랜드가 육지를 주제로 했다면, 디즈니씨는 바다를 주제로 한 테마파크로 디즈니씨 역시 7개의 '테마 랜드'로 구성되어 있습니다. 디즈니씨에는 놀이기구뿐 아니라 여러 공연과 쇼가 준비되어 있으므로, 방문 전에 공연 시간을 체크해 두는 것도 좋습니다.

디즈니랜드 ▶

▲ 디즈니씨

유니버설 스튜디오 재팬(ユニバーサル・スタジオ・ジャパン)

　오사카시 고노하나구에 위치한 '유니버설 스튜디오 재팬'은 할리우드의 유명한 영화를 테마로 2001년 개장한 대형 영화 테마파크입니다. 아시아에서는 유일한 유니버설 계열의 테마파크이고, 조성 단계에서부터 할리우드의 거장 스티븐 스필버그 감독이 참여하여, 다채로운 쇼와 스릴 넘치는 놀이기구들이 가득합니다. 연간 1,000만 명이 넘는 관광객을 뽐내는 유니버설 스튜디오 재팬은 간사이 지역의 대표적인 테마파크로 자리매김하고 있습니다.

입구에 자리 잡은 지구본 ▶

▲ '해리포터'의 호그와트 성

10

本を 読んだり 音楽を 聞いたり します。

책을 읽기도 하고, 음악을 듣기도 합니다.

> 나는 한가할 때 친구와 영화를 보거나 여행하거나 합니다.
>
> 어제는 친구와 '애인'이라는 영화를 봤습니다.
>
> 영화는 재미있었습니다.
>
> 내일부터 여행하러 가는데, 내일은 비가 올지도 모릅니다.

私は 暇な 時、友達と 映画を 見たり 旅行したり します。

昨日は 友達と 「恋人」と いう 映画を 見ました。

映画は おもしろかったです。

明日から 旅行に 行きますが、明日は 雨が 降るかも しれません。

🎵 Track 56

青木　　キムさんは 暇_{ひま}な 時_{とき}、何_{なに}を しますか。

キム　　本_{ほん}を 読_よんだり 音楽_{おんがく}を 聞_きいたり します。青木_{あおき}さんは？

青木　　私_{わたし}は 運動_{うんどう}したり 映画_{えいが}を 見_みたり します。

　　　　キムさんは 「ラブ」 と いう 映画を 見た ことが ありますか。

キム　　いいえ、見た ことが ありません。

青木　　とても おもしろい 映画でしたよ。

　　　　今_{いま}も ソウル映画館_{えいがかん}で やって いるかも しれません。

キム　　私も ぜひ 見て みたいですね。

 暇ひまだ 한가하다 | 時とき 때 | 音楽おんがく 음악 | ラブ 러브(LOVE) | ～と いう ～라는, ～라고 하는 |

　～た ことが ある ～한 적이 있다 | 映画館えいがかん 영화관 | やる 하다 |

　～かも しれません ～일지도 모릅니다 | ぜひ 꼭

문법 포인트

① 동사의 たり형

1그룹 동사 (5단동사)	う・つ・る → ったり ぬ・む・ぶ → んだり く → いたり ぐ → いだり す → したり ★ 帰る → 帰ったり (예외) ★ 行く → 行ったり	会う → 会ったり 飲む → 飲んだり 書く → 書いたり 泳ぐ → 泳いだり 話す → 話したり ★ 帰る → 帰ったり ★ 行く → 行ったり
2그룹 동사 (상1단동사 하1단동사)	る + たり	見る → 見たり 起きる → 起きたり 食べる → 食べたり 寝る → 寝たり
3그룹 동사 (カ행변격동사 サ행변격동사)	来る → 来たり する → したり	来る → 来たり 勉強する → 勉強したり

※ たり形 연습 (해답 136쪽)

의미	동사	たり형	의미	동사	たり형
사다	買う		기다리다	待つ	
쓰다	書く		이야기하다	話す	
읽다	読む		나가다	出る	
보다	見る		하다	する	
놀다	遊ぶ		되다	なる	
걷다	歩く		죽다	死ぬ	
쉬다	休む		찍다	撮る	
먹다	食べる		가르치다	教える	
헤엄치다	泳ぐ		오다	来る	
가다	行く		부르다	呼ぶ	
일하다	働く		마시다	飲む	
자다	寝る		듣다	聞く	
일어나다	起きる		만들다	作る	
만나다	会う		돌아오다(가다)	帰る	
타다	乗る		걸다	かける	
피우다, 빨다	吸う		씻다	洗う	

문법 포인트

2 **～たり** 「~이기도 하고」의 용법

명사	명사 + だったり	예 会社員だったり
い형용사	い + かったり	예 暑かったり
な형용사	だ + だったり	예 まじめだったり
동사	동사의 たり형	예 映画を 見たり

朝食は パンだったり ご飯だったり します。

値段は 高かったり 安かったり します。

交通は 便利だったり 不便だったり します。

★ 家の 前を 行ったり 来たり します。「来たり 行ったり (×)」

3 **～かも しれません** ~일지도 모릅니다

명사	명사 + かも しれません	예 休みかも しれません
い형용사	～い + かも しれません	예 安いかも しれません
な형용사	だ + かも しれません	예 親切かも しれません
동사	동사 + かも しれません	예 日本へ 行くかも しれません

日本へ 行った 方が いいかも しれません。

あの 部屋が 静かかも しれません。

明日は 雨が 降るかも しれません。

4 **〜と いう** ~라고 하는

「心」と いう 小説を 読んだ ことが ありますか。

「田中」と いう 人を 知って いますか。

昨日、「友達」と いう ドラマを 見ました。

5 **やる** 하다

その ドラマは 今 テレビで やって います。

田中さん、 やって みて ください。

一度 やって みます。

朝食ちょうしょく 조식, 아침밥 | 値段ねだん 가격 | 交通こうつう 교통 | 便利べんりだ 편리하다 |

不便ふべんだ 불편하다 | 家いえ/うち 집 | 〜た 方ほうが いい 〜하는 편이 낫다 | 部屋へや 방 |

静しずかだ 조용하다 | 雨あめが 降ふる 비가 내리다 | 心こころ 마음 | 小説しょうせつ 소설 |

知しる 알다 (예외 활용) | 昨日きのう 어제 | ドラマ 드라마 | 一度いちど 한 번 | やって みる 해 보다

문법 포인트

※ たり형 활용 연습 해답

의미	동사	たり형	의미	동사	たり형
사다	買う	買ったり	기다리다	待つ	待ったり
쓰다	書く	書いたり	이야기하다	話す	話したり
읽다	読む	読んだり	나가다	出る	出たり
보다	見る	見たり	하다	する	したり
놀다	遊ぶ	遊んだり	되다	なる	なったり
걷다	歩く	歩いたり	죽다	死ぬ	死んだり
쉬다	休む	休んだり	찍다	撮る	撮ったり
먹다	食べる	食べたり	가르치다	教える	教えたり
헤엄치다	泳ぐ	泳いだり	오다	来る	来たり
가다	行く	行ったり	부르다	呼ぶ	呼んだり
일하다	働く	働いたり	마시다	飲む	飲んだり
자다	寝る	寝たり	듣다	聞く	聞いたり
일어나다	起きる	起きたり	만들다	作る	作ったり
만나다	会う	会ったり	돌아오다(가다)	帰る	帰ったり
타다	乗る	乗ったり	걸다	かける	かけたり
피우다, 빨다	吸う	吸ったり	씻다	洗う	洗ったり

패턴 연습

1. 보기

テレビを 見る・音楽を 聞く

→ <u>テレビを 見たり 音楽を 聞いたり します。</u>

1)

泣く・笑う

→ _____ 。

2)

バスに 乗る・歩く

→ _____ 。

3)

晴れる・曇る

→ _____ 。

ц)

うゃはははは   뭐야~ 이거

おもしろい・つまらない

→ _____ 。

泣なく 울다 | 笑わらう 웃다 | ～に 乗のる ～을(를) 타다 | 歩あるく 걷다 | 晴はれる 맑다, 개다 |

曇くもる 흐리다 | つまらない 재미없다, 시시하다

10 本を 読んだり 音楽を 聞いたり します。 137

패턴 연습

2.

雨<small>あめ</small>が 降<small>ふ</small>る

→ <u>雨が 降るかも しれません</u>。

---

1)

寝<small>ね</small>て いる

→ 青木<small>あおき</small>さんは 今<small>いま</small> _____。

---

2)

高<small>たか</small>い

→ この 香水<small>こうすい</small>は ちょっと _____。

---

3)

有名<small>ゆうめい</small>だ

→ あの 歌手<small>かしゅ</small>は とても _____。

---

4)

結婚<small>けっこん</small>する

→ 田中<small>たなか</small>さんと キムさんは すぐ

_____。

📝 雨<small>あめ</small>が 降<small>ふ</small>る 비가 내리다 | **香水**<small>こうすい</small> 향수 | **有名**<small>ゆうめい</small>だ 유명하다 | **歌手**<small>かしゅ</small> 가수 |

結婚<small>けっこん</small> 결혼 | **すぐ** 곧, 금방

읽어 봅시다!

 Track 57

昨日（きのう）は久（ひさ）しぶりに友達（ともだち）と一緒（いっしょ）に「恋人（こいびと）」という映画（えいが）を見（み）ました。

とても感動的（かんどうてき）でした。

映画（えいが）を見（み）てから、ご飯（はん）を食（た）べたりカラオケに行（い）って歌（うた）を歌（うた）ったり

しました。とても楽（たの）しかったです。

明日（あした）は会社（かいしゃ）の同僚（どうりょう）と海（うみ）へ行（い）きます。雨（あめ）が降（ふ）るかもしれませんが、

前（まえ）からの約束（やくそく）だったので、雨（あめ）が降（ふ）っても行（い）きます。

久（ひさ）しぶりに 오랜만에 | 恋人（こいびと） 애인, 연인 | 感動的（かんどうてき） 감동적 | カラオケ 노래방 |

楽（たの）しい 즐겁다 | 同僚（どうりょう） 동료 | 海（うみ） 바다 | ～かも しれません ～일지도 모릅니다 |

約束（やくそく） 약속

 일본어로 써 봅시다!

1. 나는 한가할 때 음악을 듣거나 책을 읽거나 합니다.

_____

2. '친구'라는 영화를 본 적이 있습니까?

_____

3. 내일은 눈이 올지도 모릅니다.

_____

정답　1. 私（わたし）は暇（ひま）な時（とき）、音楽（おんがく）を聞（き）いたり本（ほん）を読（よ）んだり します。
2. 「友達（ともだち）」という映画（えいが）を見（み）たことがありますか。
3. 明日（あした）は雪（ゆき）が降（ふ）るかもしれません。

한자 연습

한자 즐기기

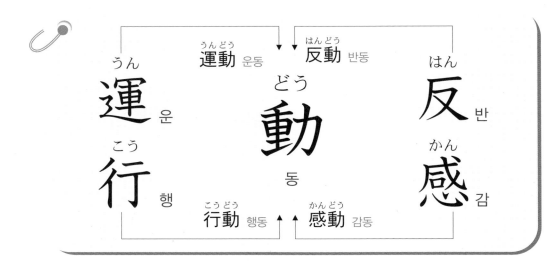

こう すい **香水** 향수	香水		
べん り **便利** 편리	便利		
こう どう **行動** 행동	行動		
やく そく **約束** 약속	約束		
かん どう **感動** 감동	感動		
どう りょう **同僚** 동료	同僚		

써 봅시다!

듣기 연습

A. 내용을 듣고 올바른 순서대로 나열한 것을 고르세요.

 Track 58

가

나

다

1) 가 – 다 – 나

2) 나 – 가 – 다

3) 가 – 나 – 다

4) 다 – 나 – 가

B. 내용을 듣고 그림과 일치하면 ○, 일치하지 않으면 ×를 넣으세요.

 Track 59

1)

(   )

2)

(   )

3)

(   )

4)

(   )

회화 플러스

1. 현재 행동

→ 何を して いますか。 무엇을 하고 있습니까?

예 木村さんは 何を して いますか。 기무라 씨는 무엇을 하고 있습니까?

→ 本を 読んで います。 책을 읽고 있습니다.

| 그림을 보면서 말해보세요. |

2. 여가 시간 활용

→ 暇な 時は 何を しますか。 한가할 때는 무엇을 합니까?

예 暇な 時は 何を しますか。 한가할 때는 무엇을 합니까?

→ 映画を 見たり 本を 読んだり します。 영화를 보거나 책을 읽거나 합니다.

| 아래 낱말을 써서 밑줄 친 부분과 바꿔서 말해보세요. |

ピアノを 弾ひく 피아노를 치다 | ギターを 弾ひく 기타를 치다 | ゆっくり 休やすむ 푹 쉬다 |

寝ねる 자다 | 運動うんどうを する 운동을 하다 | コンピューターを する 컴퓨터(computer)를 하다

쉬어가기

Omake

● 일본의 유명 온천지

아리마 온천

노보리베쓰 온천

벳푸 온천

하코네 온천

유후인 온천

노보리베쓰 온천(登別温泉)
^{のぼりべつおんせん}

　'노보리베쓰 온천'은 일본 최북단인 홋카이도의 대표 온천이라 할 수 있습니다. 하루 1만 톤에 달하는 용출량과 섭씨 40~130도에 달하는 다양한 온천수에는 11가지의 유황 성분이 포함되어 있어, 만성 관절염을 비롯하여 혈액순환, 심장병, 피부미용 등에 효능이 있다고 알려져 있습니다. 노보리베쓰는 약 11만㎡에 달하는 '지옥 계곡'으로도 유명합니다. 흰 연기와 함께 유황 성분이 풍부한 온천수가 뿜어져 나오는 이곳은 도보여행을 하며 족욕을 즐길 수도 있습니다.

▲ 지옥 계곡

하코네 온천(箱根温泉)

　도쿄 근교의 최고의 온천 휴양지로 꼽히는 '하코네 온천'은 도쿄의 서쪽 가나가와현에 위치한 대규모 온천 마을로, 도쿄 역에서 하코네 유모토 역까지는 약 2시간이면 갈 수 있습니다. 산의 기슭과 중턱에 대규모 온천 휴양지가 조성되어 있으며, 성분이 다른 온천수가 많아 온천탕 선택의 폭이 넓은 것으로도 유명합니다.

　온천뿐 아니라 흰 연기를 뿜어내는 활화산 '오와쿠다니(大涌谷)'와 '아시노코(芦の湖)' 호수에서 탈 수 있는 유람선은 하코네의 자랑이라고 할 수 있습니다.

▲ 흰 연기를 뿜어내는 '오와쿠다니'

아리마 온천(有間温泉)

　효고현 고베시의 '아리마 온천'은 일본의 3대 명천 중의 하나로 꼽히고 있습니다. 마을 중심으로는 주택과 료칸, 상점들이 고즈넉하게 자리해 있어 옛 아리마의 정취를 느낄 수 있고, 외곽으로는 대형 온천 호텔들이 자리잡아 전체적인 분위기는 리조트 타운에 가깝다고 볼 수 있습니다.

　다양한 성분이 함유되어 있는 여섯 개의 온천수가 온천탕에 공급되고 있는데, 특히 철분이 많아 황토색에 가까운 '금천(金の湯)'과 이산화탄소가 함유되어 맑고 투명한 '은천(銀の湯)'을 갖춘 온천탕이 유명합니다.

▲ 아리마 온천의 전체적인 분위기

144

벳푸 온천(別府温泉)

'벳푸 온천'은 일본을 대표하는 온천 지역인
규슈 중동부의 오이타현에 자리하고 있습니다.
2,800곳이 넘는 곳에서 섭씨 50~100도에 이
르는 다양한 온천수가 매일 14만 톤에 이른다는
것이 벳푸 온천의 자랑입니다. 온천수의 용출지
와 용출량이 많아, 그 규모가 큰 만큼 8개의 지역
으로 분류하고 있는데, 지역마다 온천수의 효능
이 다르다는 특징이 있습니다.

▲ 에메랄드빛의 온천탕

벳푸 온천에서 빼놓을 수 없는 것이 7개의
온천탕을 둘러보는 '지옥 온천' 순례로, 에메랄드빛과 핏빛의 온천탕을 비롯하여 온천수가 용솟음
치는 탕 등 7개의 온천탕을 둘러볼 수 있습니다.

유후인 온천(由布院温泉)

'유후인 온천'은 규슈 오이타현 유후시에 자
리하고 있으며, 용출량이 벳푸, 구사쓰에 이어
세 번째로 많은 온천입니다. 온천지 근처의 온
천 호수인 '긴린코(金鱗湖)'는 호수 바닥에서
올라오는 온천수가 기온차에 의해 피어오르는
물안개로 유명합니다. 유후인 역에서 긴린코까
지 약 1km에 이르는 거리에 다양한 상점과 농
가를 개조해 만든 료칸, 음식점들이 이어지며
지금의 온천 마을이 형성되었습니다.

▲ 물안개가 피어오르는 '긴린코'

Memo

 **부록**

듣기 연습 스크립트와 정답

1과 듣기 연습 • 018

A

キム 山田さんは 何人 家族ですか。
山田 父と 母と 兄と 弟と 私の 5人 家族です。

> **정답** 3

B

① 教室の 中に 机が ふたつ あります。
② 皿の 上に りんごが みっつ あります。
③ 公園の 前に 学生が ひとり います。
④ 部屋の 中に 猫が いっぴき います。

> **정답**

❶ ×   ❷ ○   ❸ ×   ❹ ○

2과 듣기 연습 • 034

A

私は 今日 7時に 起きました。それから 運動を しました。10時ごろ 家を 出ました。学校の 近くで 友達と 昼ごはんを 食べました。それから、一緒に 映画館で 映画を 見ました。10時に 家へ 帰りました。部屋で 音楽を 聞きました。11時半に 寝ました。

> **정답** 3 - 2 - 4 - 1

B

❶ 昨日は 12時に 寝ました。
❷ 私は お酒を 飲みますが、好きでは ありません。

③ 明日は 休みなので、会社へ 行きません。
④ キムさんは 学校で 日本語を 教えます。

> **정답**

❶ ○   ❷ ×   ❸ ○   ❹ ×

3과 듣기 연습 • 046

A

山田さんの 家は 駅の 近くに あります。交通は 前より 便利に なりましたが、車や バスが 多く なりましたので とても うるさいです。
山田さんは 毎朝 6時に 起きます。山田さんは 運動が 大好きです。

> **정답**

❶ ×   ❷ ×   ❸ ×   ❹ ○

B

① 月曜日の 9時から 会議が あります。
② 水曜日には 朝早く 会社へ 行きます。
③ 木曜日は 休みなので 友達と 一緒に 映画を 見ます。
④ 土曜日には 7時に 里美さんと デートを します。

> **정답**

❶ ○   ❷ ×   ❸ ○   ❹ ×

4과 **듣기 연습 • 060**

A

木村 今度の 夏休みに どこへ 行きたいですか。

里美 私は 海へ 行きたいですが…。

木村 またですか。去年も 海へ 行きましたよね。
山は どうですか。

里美 山は ちょっと…。中国とか フランスとかは
どうでしょうか。

木村 休みが 短いので、海外旅行は 無理ですよ。

里美 じゃ、今度も また…。

木村 しょうがないですね。そう しましょう。

> **정답** 1

B

❶ A: 明日は 何か 予定が ありますか。
B: 友達に 会って コーヒーを 飲みます。

❷ A: 土曜日に 何を しますか。
B: 山田さんと 映画を 見る 予定です。

❸ A: 一緒に コーヒーでも 飲みませんか。
B: すみません。5時から 会議なので…。

❹ A: どこへ 行きますか。
B: 靴と かばんを 買いに デパートへ 行きます。

> **정답**

❶ ×　　❷ ○　　❸ ×　　❹ ○

5과 **듣기 연습 • 074**

A

今日は 学校の 友達が ①遊びに 来る 日です。

それで 今朝 早く 起きて 掃除を しました。
私は いつも 音楽を ②聞きながら 掃除を します。
時々 ③歌いながら 掃除を する 時も あります。
一緒に 食べる お菓子や 果物の 準備も しました。

> **정답**

❶ 遊びに　　❷ 聞きながら　　❸ 歌いながら

B

❶ あの、この 洗濯機の 使い方が わかりません。

❷ ギターを 弾きながら 歌を 歌います。

❸ 高橋さんは 飲みすぎました。

❹ ブラウンさんの 話は わかりやすいです。

> **정답**

❶ ○　　❷ ○　　❸ ×　　❹ ×

6과 **듣기 연습 • 089**

A

今日は 土曜日です。彼女に 会って 一緒に バスに
乗って 鐘路へ 行きました。鐘路は とても にぎや
かでした。私たちは デパートで 買い物してから 食
事を しました。それから 一緒に 映画を 見て 家へ
11時ごろ 帰りました。

> **정답** 3

B

❶ A: 今 何を して いますか。
B: 映画を 見て います。

듣기 연습 스크립트와 정답

❷ **A:** 今 何を して いますか。

　B: プールで 泳いで います。

❸ **A:** 今 何を して いますか。

　B: 本を 読んで います。

❹ **A:** 今 何を して いますか。

　B: 運動を して います。

정답

❶ ✕　　❷ ◯　　❸ ✕　　❹ ✕

7과 듣기 연습 · 100

A

キム　鈴木さん、ワンピースを 着て いる 人は 妹さんですか。

鈴木　いいえ、姉です。

キム　え〜、お姉さんですか。若く 見えますね。スカートを はいて 眼鏡を かけて いる 人は?

鈴木　妹です。

キム　あ〜、この 人が 妹さんですね。

정답　3

B

❶ 田中さんは 東京に 住んで います。

❷ 田中さんは 結婚する 予定です。

❸ 田中さんは 車を 持って いません。

❹ 田中さんの 趣味は 水泳です。

정답

❶ ◯　　❷ ✕　　❸ ✕　　❹ ◯

8과 듣기 연습 · 113

A

医者　どうしましたか。

木村　のどが 痛いんです。頭も 痛いし。

医者　せきは 出ますか。

木村　はい、すこし 出ます。鼻水も 出ます。

医者　風邪ですね。

木村　あのう、お酒を 飲んでも いいですか。

医者　いいえ、お茶や コーヒーは 飲んでも いいですが、お酒は 飲んでは いけません。もちろん、タバコも 吸っては いけません。

木村　お風呂に 入っても いいですか。

医者　お風呂に 入っては いけませんが、簡単な シャワーなら いいです。

정답　2

B

❶ **A:** ここで、食べても いいですか。

　B: はい、食べても いいです。

❷ **A:** 歌を 歌っても いいですか。

　B: はい、歌を 歌っても いいです。

❸ **A:** ここで 泳いでも いいですか。

　B: はい、泳いでも いいです。

❹ **A:** ここで 写真を 撮っても いいですか。

　B: いいえ、撮っては いけません。

정답　4

A

この 本を 読んだ ことが ありますか。
とても おもしろいですよ。

❶ はい、その 映画を 見た ことが あります。

❷ そうですか。私も 読みたいです。

❸ あ～、音楽を 聞いて いましたね。

❹ 今 何を して いますか。

정답 2

B

キム　イさんは 日本の 温泉へ 行った ことが あり
　　　ますか。

イ　　はい、あります。日本は 温泉が 有名ですね。

キム　そうですね。私も 行った ことが あります。
　　　ところで、イさん、日本の 相撲を 見た ことが
　　　ありますか。とても おもしろかったですが。

イ　　私も 見たかったんですが、友達が カラオケ
　　　へ 行きたがって いたので、カラオケへ 行き
　　　ました。キムさんは 日本で カラオケへ 行っ
　　　た ことが ありますか。

キム　私は 日本でも 韓国でも カラオケへ 一度も
　　　行った ことが ありません。

イ　　え～、本当ですか。

キム　はい、歌が とても 下手なので、カラオケよ
　　　り ドラマとか 映画を 見る 方が いいです。

イ　　へえ、そうなんですか。

정답

	温泉	相撲	カラオケ
キム	○	○	×
イ	○	×	○

A

昨日は 木村さんの 誕生日でした。私は パーティ
ーへ 行く 前に デパートへ 行って プレゼントを
買いました。バーゲンだったので 安い ものが た
くさん ありました。それから、学校の クラスメー
トと 誕生日パーティーに 行きました。お酒を 飲
んだり 歌を 歌ったり 踊ったり しました。とても
楽しい パーティーでした。土曜日に 日本語の テ
ストが あって ちょっと 心配だったので、パーテ
ィーが 終わってから 家へ 帰って 勉強しました。

정답 2

B

❶ 友達に 会って お茶を 飲んだり 料理を 作った
　り します。

❷ 掃除を したり 運動を したり します。

❸ 運動したり ベンチに 座って 休んだり します。

❹ 寝たり 本を 読んだり します。

정답

❶ ○　　❷ ×　　❸ ○　　❹ ×

본문 해석

1과

기본 회화 • 009

김　　기무라 씨는 몇 식구입니까?

기무라　여섯 식구입니다.

김　　형제는 몇 명입니까?

기무라　4형제입니다. 형이 두 명, 여동생이 한 명 있습니다. 김 씨는 몇 식구입니까?

김　　가족은 3명밖에 없습니다. 부모님과 저, 3명뿐입니다.

기무라　그럼, 김 씨는 외동이네요.

김　　네, 그렇습니다. 기무라 씨는 형제가 많군요.

기무라　네, 4명이나 있어서 자동차와 자전거가 2대씩 있습니다.

독해·작문 • 016

제 가족을 소개하겠습니다. 아버지와 어머니와 형과 저, 네 식구입니다.

아버지는 58세이고 의사입니다. 아버지는 키가 크고 잘 생기셨습니다.

어머니는 55세이고 주부입니다. 매우 아름답고 다정하십니다.

형은 30살이고 은행원입니다. 머리가 좋고 성실합니다.

형은 여자 친구가 일본인이라서 일본어를 잘합니다.

2과

기본 회화 • 023

김　　아오키 씨, 어제는 무엇을 했습니까?

아오키　도서관에서 공부를 했습니다. 김 씨는요?

김　　다나카 씨의 생일 파티에 갔었습니다.

아오키　오늘은 무엇을 합니까?

김　　친구와 같이 영화를 봅니다. 아오키 씨는 무엇을 합니까?

아오키　저는 오늘도 공부를 합니다. 금요일에 영어 인터뷰 시험이 있어요.

김　　그렇습니까?

독해·작문 • 032

저는 매일 아침 7시에 일어납니다. 저는 아침밥을 먹지 않습니다.

오늘은 11시부터 시험이었지만, 별로 공부를 하지 않았습니다.

1시부터 4시까지 도서관에서 책을 읽었습니다.

그리고 다나카 씨를 만났습니다. 같이 영화를 봤습니다.

영화는 매우 재미있었습니다. 10시에 집에 돌아왔습니다.

3과

기본 회화 • 039

김　　요즘 추워졌네요.

기무라　네, 정말로 추워졌습니다.

김　　저는 어제 백화점에 쇼핑하러 갔습니다.

기무라　저도 어제 백화점에 갔었어요.

김　　그렇습니까? 뭔가 샀습니까?

기무라　네, 여동생이 대학생이 되기 때문에 가방이랑 구두를 샀습니다. 이건 여동생 사진이에요.

김　　어머, 정말로 아야 씨예요? 많이 예뻐졌네요.

우리 회사 앞에 레스토랑이 있습니다. 요전에 텔레비전에 이 레스토랑이 나와서 전보다 유명해졌습니다.
지난주 토요일에 저는 친구와 식사하러 갔습니다.
서비스도 매우 좋아졌습니다.
요리도 맛있고 가격도 별로 비싸지 않았습니다.

4과

기본 회화 • 051

아오키 사토미 씨, 이번 주 토요일은 무슨 예정이 있습니까?

사토미 토요일이요? 아직 예정은 없습니다만…….

아오키 실은 토요일에 야마다 씨와 바다에 놀러 갈 예정인데요, 사토미 씨도 같이 가지 않겠습니까?

사토미 좋네요.

아오키 저희들은 쇼난에 갈 생각입니다만, 사토미 씨는 어디에 가고 싶습니까?

사토미 저는 어디든지 괜찮아요.

아오키 그럼, 쇼난으로 합시다.

독해·작문 • 058

저는 내년 4월에 일본으로 공부하러 갈 생각입니다.
그래서 매일 일본어 교실에서 일본어를 공부하고 있습니다.
일본어 공부는 처음입니다.
일본어는 처음에는 간단했지만, 지금은 어렵습니다.
그래서 빨리 일본어를 잘하고 싶습니다.

5과

기본 회화 • 065

〈문제를 읽으면서〉

이 '다음 한자를 히라가나로 쓰세요.'
   선생님, 이 한자는 어떻게 읽습니까?

선생님 '슈미'라고 읽습니다.

이 문제2의 한자도 작아서 읽기 어렵습니다만.

선생님 그 한자는 '센코우'입니다.

이 일본어는 한자도 많고, 읽는 법도 어렵네요.

선생님 매일 한자를 쓰면서 외우세요.
       도움이 되까요.

이 예! 매일 외우는 거예요?

독해·작문 • 072

저는 오빠와 아키하바라에 새 디지털카메라를 사러 갔습니다.
아키하바라에는 여러 가지 디지털카메라가 많이 있었습니다.
오빠와 저는 건물 안을 걸으면서 디지털카메라를 찾아 봤습니다.
결국에 저는 흰색 디지털카메라를 샀습니다.
디자인도 예쁘고, 사용법도 간단합니다.

6과

기본 회화 • 079

다나카 김 씨, 여기에서 무엇을 하고 있습니까?

김 일본어 숙제를 하고 있습니다.

다나카 김 씨는 일본어를 배우고 있습니까?

김 내년 4월에 일본에 갈 예정입니다.

다나카 유학입니까?

김 네, 그렇습니다.
   매일 MP3를 들으면서 책을 읽고 있는데,
   일본어는 역시 한자가 가장 어렵네요.

다나카 어려운 한자는 저에게 물어 보세요.

본문 해석

독해·작문 ● 087

9월 20일 목요일 맑음
오늘은 아침 일찍 일어나서 세수를 하고 나서 공원에 운동하러 갔습니다.
운동하고 나서 가족과 함께 아침밥을 먹었습니다.
그리고 한 시간 정도 버스를 타고 회사에 갔습니다.
일이 끝나고 7시에 친구와 만나 같이 연극을 봤습니다.
굉장히 재미있었습니다.

7과

기본 회화 ● 093

아오키   비가 많이 내리고 있네요.
      사토미 씨는 우산을 갖고 있습니까?
사토미   아니요. 저는 갖고 있지 않습니다.
아오키   사토미 씨는 어디에 살고 있습니까?
사토미   이 근처에 살고 있습니다.
아오키   그럼, 제 우산으로 같이 갑시다.
〈걸으면서〉
아오키   사토미 씨는 혼자서 삽니까?
사토미   아니요, 남편과 같이 살고 있습니다.
아오키   에! 결혼했습니까?

독해·작문 ● 098

저는 작년까지 혼자서 살고 있었는데,
올해 2월에 결혼해서 아내와 같이 인천에 살고 있습니다.
아내와 저는 2년 전에 친구의 소개로 만났습니다.
소개받은 날에 아내는 귀여운 모자를 쓰고, 파란 블라우스를 입고, 스커트를 입고 왔었습니다. 매우 예뻤습니다.

8과

기본 회화 ● 105

김   요즘 5킬로나 쪄 버려서 운동하고 싶은데, 시간이 별로 없습니다.
   여동생도 하고 싶어하는데 좀처럼 할 수가 없습니다.
기무라   김 씨, 사토미 씨는 운동해서 10킬로나 살을 뺐어요.
김   에~. 부럽네요.
기무라   저도 다음 주부터 스포츠 클럽에 다닐 생각인데, 같이 가지 않겠습니까?
김   그거 좋네요. 여동생 데리고 가도 됩니까?
기무라   물론이죠. 같이 열심히 합시다.

독해·작문 ● 111

오늘 저는 아파트를 알아보러 부동산에 갔다 왔습니다.
싼 아파트는 역에서 걸어서 20분 정도인 것이 많았습니다.
하지만, 저는 조금 비싸도 역에서 가까운 곳이 좋다고 생각합니다.
가장 마음에 든 곳은 역에서 걸어서 5분쯤 걸리는 곳으로 집세는 6만 5천 엔이었습니다.
오늘은 하루종일 걸어 다녀서 다리가 매우 아팠습니다.

154

기본 회화 • 117

〈사진을 보면서〉

왕   김 씨는 우에노 공원에 가 본 적이 있습니까?

김   네, 2년 전에 가 본 적이 있습니다.

왕   공원 안에 있는 미술관에 가 봤습니까?
     정말로 훌륭한 미술관입니다.

김   그렇습니까? 몰랐습니다.
     그런데, 일본에 갔을 때,
     저는 일본어 공부를 시작한 지 얼마 안 됐기 때문
     에, 일본어로 말하는 것이 어려웠습니다.

왕   그렇습니까? 처음에는 간단한 회화 표현 정도는
     공부해 두는 편이 좋습니다.

독해·작문 • 125

7월 8일 목요일 흐림 가끔 비
오늘은 바쁜 하루였다. 9시에 중요한 회의가 있어
서 아침밥을 먹고서 바로 집을 나왔다.
회사에 도착해서 회의 서류를 읽었다.
새로운 프로젝트에 대해 2시간 정도 회의를 했다.
12시에 동료와 같이 회사 근처에서 점심을 먹었다.

기본 회화 • 131

아오키   김 씨는 한가할 때 무엇을 합니까?

김   책을 읽거나 음악을 듣거나 합니다.
         아오키 씨는요?

아오키   저는 운동하거나 영화를 보거나 합니다.
         김 씨는 '러브'라는 영화를 본 적이 있습니까?

김   아니요. 본 적이 없습니다.

아오키   정말로 재미있는 영화였어요.
         지금도 서울 영화관에서 (상영)하고 있을지도
         모릅니다.

김   저도 꼭 보고 싶네요.

독해·작문 • 139

어제는 오랜만에 친구와 같이 '애인'이라는 영화를
봤습니다.
매우 감동적이었습니다.
영화를 보고 나서 밥을 먹거나 노래방에 가서 노래
를 부르거나 했습니다. 매우 즐거웠습니다.
내일은 회사 동료와 바다에 갑니다. 비가 내릴지도
모르지만, 전부터의 약속이기 때문에 비가 내려도
갈 겁니다.

문법 정리 포인트

1과~3과

1. 조수사 정리

~人	~개	~枚	~匹	~杯	~本	~階
ひとり	ひとつ	いちまい	いっぴき	いっぱい	いっぽん	いっかい
ふたり	ふたつ	にまい	にひき	にはい	にほん	にかい
さんにん	みっつ	さんまい	さんびき	さんばい	さんぼん	さんがい
よにん	よっつ	よんまい	よんひき	よんはい	よんほん	よんかい
ごにん	いつつ	ごまい	ごひき	ごはい	ごほん	ごかい
ろくにん	むっつ	ろくまい	ろっぴき	ろっぱい	ろっぽん	ろっかい
しちにん	ななつ	ななまい	ななひき	ななはい	ななほん	ななかい
はちにん	やっつ	はちまい	はっぴき	はっぱい	はっぽん	はっかい
きゅうにん	ここのつ	きゅうまい	きゅうひき	きゅうはい	きゅうほん	きゅうかい
じゅうにん	とお	じゅうまい	じゅっぴき	じゅっぱい	じゅっぽん	じゅっかい
なんにん	いくつ	なんまい	なんびき	なんばい	なんぼん	なんがい

2. 가족 관계

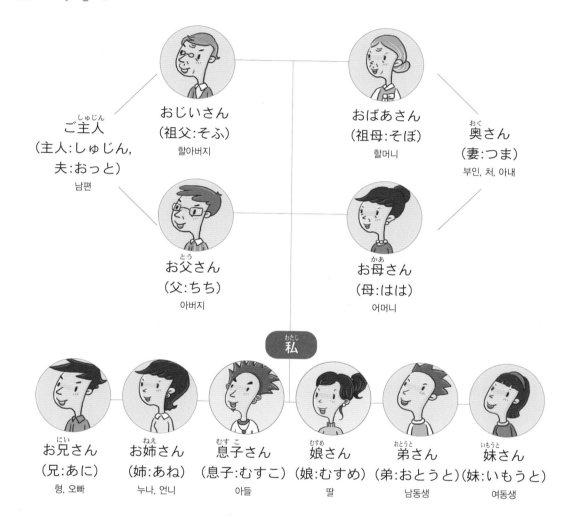

おじいさん
（祖父：そふ）
할아버지

おばあさん
（祖母：そぼ）
할머니

ご主人
（主人：しゅじん,
夫：おっと）
남편

奥さん
（妻：つま）
부인, 처, 아내

お父さん
（父：ちち）
아버지

お母さん
（母：はは）
어머니

私

お兄さん
（兄：あに）
형, 오빠

お姉さん
（姉：あね）
누나, 언니

息子さん
（息子：むすこ）
아들

娘さん
（娘：むすめ）
딸

弟さん
（弟：おとうと）
남동생

妹さん
（妹：いもうと）
여동생

3. ～の ～に ～が + 조수사 + あります(います)

예 机の 上に りんごが よっつ あります。
책상 위에 사과가 네 개 있습니다.

教室の 中に 学生が 10人 います。
교실 안에 학생이 열 명 있습니다.

4. なる의 용법 (～되다 / ～해지다 / ～하게 되다)

① 명사 : N + に なる
예 木村さんは 大学生に なりました。 대학생이 되었습니다.

② い형용사 : い + く なる
예 寒く なりました。 추워졌습니다.

③ な형용사 : だ + に なる
예 有名に なりました。 유명해졌습니다.

5. ます형 활용 총연습

기본형	뜻	종류·방법	～ます ～합니다	～ました ～했습니다	～ません ～하지 않습니다	～ませんでした ～하지 않았습니다
買う	사다		買います	買いました	買いません	買いませんでした
会う	만나다		会います	会いました	会いません	会いませんでした
行く	가다		行きます	行きました	行きません	行きませんでした
書く	쓰다	1그룹 동사	書きます	書きました	書きません	書きませんでした
話す	이야기하다		話します	話しました	話しません	話しませんでした
待つ	기다리다	(5단동사)	待ちます	待ちました	待ちません	待ちませんでした
死ぬ	죽다		死にます	死にました	死にません	死にませんでした
遊ぶ	놀다	u단 ↓	遊びます	遊びました	遊びません	遊びませんでした
飲む	마시다	i단 +	飲みます	飲みました	飲みません	飲みませんでした
ある	있다(무생물)	ます	あります	ありました	ありません	ありませんでした
読む	읽다		読みます	読みました	読みません	読みませんでした
帰る	돌아오다(가다)		帰ります	帰りました	帰りません	帰りませんでした
見る	보다	2그룹 동사 (상1단 하1단 동사)	見ます	見ました	見ません	見ませんでした
食べる	먹다		食べます	食べました	食べません	食べませんでした
いる	있다(생물)	る ↓ ます	います	いました	いません	いませんでした
来る	오다	3그룹(カ행 변격동사)	来ます	来ました	来ません	来ませんでした
する	하다	3그룹(サ행 변격동사)	します	しました	しません	しませんでした

문법 정리 포인트

6. 조사 정리 (1)

~は ~은(는)	~の ① ~의	~に ① ~에 (있다, 없다)
~が ~이(가)	② ~의 것	② ~에게
~も ~도, ~이나	~から ~부터	③ (시간, 요일) ~에
~を ~을(를)	~まで ~까지	~で ① (장소) ~에서
~と ~와(과)	~より ~보다	② (수단, 방법, 도구) ~로
~や ~や ~など	~とか ~라든가	~へ(e) (장소) ~에/로
~랑 ~랑 ~등		(+ 行く・来る・帰る)

7. 조사 정리 (2)

① 친구를 만나다

友達(ともだち)に 会(あ)う(○) / 友達を 会う(×)

예   7時(しちじ)に 友達に 会いました。 7시에 친구를 만났습니다.

② 버스를 타다

バスに 乗(の)る(○) / バスを 乗る(×)

예   会社(かいしゃ)の 前(まえ)で バスに 乗りました。 회사 앞에서 버스를 탔습니다.

|참고| 조사 に

~に 会(あ)う ~을(를) 만나다

~に 乗(の)る ~을(를) 타다

~に 住(す)む ~에 살다

~に 通(かよ)う ~에 다니다

~に 着(つ)く ~에 도착하다

1. ます형 활용 문법 총정리

	買う	遊ぶ	食べる	～する
～ましょう ～합시다	買いましょう	遊びましょう	食べましょう	～しましょう
～ましょうか ～할까요	買いましょうか	遊びましょうか	食べましょうか	～しましょうか
～ませんか ～하지 않겠습니까	買いませんか	遊びませんか	食べませんか	～しませんか
～に 行く ～하러 가다	買いに 行く	遊びに 行く	食べに 行く	～しに 行く
～たい(です) ～하고 싶다	買いたい(です)	遊びたい(です)	食べたい(です)	～したい(です)
～方 ～하는 법	買い方	遊び方	食べ方	～し方
～ながら ～하면서	買いながら	遊びながら	食べながら	～しながら
～すぎる 너무 ～하다	買いすぎる	遊びすぎる	食べすぎる	～しすぎる
～やすい ～하기 쉽다	買いやすい	遊びやすい	食べやすい	～しやすい
～にくい ～하기 어렵다	買いにくい	遊びにくい	食べにくい	～しにくい
～なさい ～하세요, ～해라	買いなさい	遊びなさい	食べなさい	～しなさい

문법 정리 포인트

2. 조사 정리 ①

~は	~은(는)	明日_{あした}は キムさんの 誕生日_{たんじょうび}です。 내일은 김 씨 생일입니다.
~が	~이(가)	あの 人_{ひと}が 田中_{たなか}さんですか。 저 사람이 다나카 씨입니까?
~も	1) ~도	私_{わたし}も 日本_{にほん}へ 行_いきたいです。 저도 일본에 가고 싶습니다.
	2) ~이나	昨日_{きのう}は 10時間_{じゅうじかん}も バイトを しました。 어제는 10시간이나 아르바이트를 했습니다.
~を	~을(를)	昨日_{きのう}は 何_{なに}を しましたか。 어제는 무엇을 했습니까?
~から	~부터	夏休_{なつやす}みは いつからですか。 여름방학(휴가)은 언제부터입니까?
~まで	~까지	映画_{えいが}は 何時_{なんじ}から 何時_{なんじ}までですか。 영화는 몇 시부터 몇 시까지입니까?
~と	~와(과)	友達_{ともだち}と 一緒_{いっしょ}に 図書館_{としょかん}へ 行_いきました。 친구와 함께 도서관에 갔습니다.
~の	~의	これは 私_{わたし}の 時計_{とけい}です。 이것은 제 시계입니다.
	~의 것	あの かばんは 先生_{せんせい}のです。 저 가방은 선생님 것입니다.

3. 조사 정리 ②

~に	1) ~에 (있다/없다)	会社は どこに ありますか。 회사는 어디에 있습니까?
	2) ~에게	田中さんに 手紙を 書きます。 다나카 씨에게 편지를 씁니다.
	3) (시간·요일) ~에	土曜日に 映画を 見ましょう。 토요일에 영화를 봅시다.
~で	1) ~에서 (장소)	教室で 日本語を 勉強します。 교실에서 일본어를 공부합니다.
	2) ~로 (수단·방법·도구)	英語で 話します。 영어로 이야기합니다.
~へ	(장소) ~에/로 + (行く・来る・帰る)	日曜日に 日本へ 行きます。 일요일에 일본에 갑니다.
~より	~보다 (비교)	木村さんは キムさんより 背が 高いです。 기무라 씨는 김 씨보다 키가 큽니다.
~とか	~라든가	日本の ドラマとか 歌が 好きです。 일본 드라마라든가 노래를 좋아합니다.
~でも	~라도, ~든지	一緒に 映画でも 見ませんか。 함께 영화라도 보지 않겠습니까?
~や ~や ~など	~랑 ~랑 ~등	机の 上に 本や ノートや 辞書 などが あります。 책상 위에 책이랑 노트랑 사전 등이 있습니다.
★~に 会う	~을(를) 만나다	学校の 前で 友達に 会いました。 학교 앞에서 친구를 만났습니다.
★~に 乗る	~을(를) 타다 (교통수단)	本屋の 前で バスに 乗ります。 서점 앞에서 버스를 탑니다.

문법 정리 포인트

6과~8과

1. て형 활용 문법 총정리

	食べる 먹다	買う 사다	飲む 마시다
~て ください ~해 주세요	食べて ください	買って ください	飲んで ください
~て います ~하고 있습니다	食べて います	買って います	飲んで います
~てから ~하고 나서	食べてから	買ってから	飲んでから
~て みる ~해 보다	食べて みる	買って みる	飲んで みる
~て おく ~해 놓다, ~해 두다	食べて おく	買って おく	飲んで おく
~て いる + 명사 ~하고 있는 + 명사	食べて いる 人	買って いる 人	飲んで いる 人
~て しまう ~해 버리다	食べて しまう	買って しまう	飲んで しまう
~ても いいです ~해도 됩니다	食べても いいです	買っても いいです	飲んでも いいです
~ては いけません ~해서는 안 됩니다	食べては いけません	買っては いけません	飲んでは いけません
~てばかり いる ~하고만 있다	食べてばかり いる	買ってばかり いる	飲んでばかり いる

2. て형 활용

만나다	会う → 会って	피우다, 빨다	吸う → 吸って
기다리다	待つ → 待って	찍다	撮る → 撮って
타다	乗る → 乗って	만들다	作る → 作って
돌아가다(오다)	帰る → 帰って	죽다	死ぬ → 死んで
쉬다	休む → 休んで	마시다	飲む → 飲んで
읽다	読む → 読んで	놀다	遊ぶ → 遊んで
헤엄치다	泳ぐ → 泳いで	걷다	歩く → 歩いて
이야기하다	話す → 話して	가다	行く → 行って
먹다	食べる → 食べて	가르치다	教える → 教えて
보다	見る → 見て	자다	寝る → 寝て
일어나다	起きる → 起きて	공부하다	勉強する → 勉強して
오다	来る → 来て	운동하다	運動する → 運動して

문법 정리 포인트

3. ～て いる 용법

① 현재 진행

> 예 手紙を 書いて います。 편지를 쓰고 있습니다.
>
> 買い物を して います。 쇼핑하고 있습니다.

② 자연현상

> 예 雨が たくさん 降って います。 비가 많이 내리고 있습니다.
>
> 風が 強く 吹いて います。 바람이 세게 불고 있습니다.

③ 상태

> 예 田中さんを 知って いますか。 다나카 씨를 알고 있습니까?
>
> どこに 住んで いますか。 어디에 살고 있습니까?
>
> 結婚して いますか。 결혼했습니까?
>
> 車を 持って います。 차를 갖고 있습니다.
>
> 朝ご飯を 食べましたか。 아침밥을 먹었습니까?
>
> → はい、 食べました。 네, 먹었습니다.
>
> → いいえ、 まだ 食べて いません。 (○) 아니요, 아직 안 먹었습니다.
>
> |참고| いいえ、 まだ 食べませんでした。(×)

4. 착용

帽子を かぶって います。
모자를 쓰고 있습니다.

眼鏡を かけて います。
안경을 쓰고 있습니다.

ピアスを して います。
귀고리를 하고 있습니다.

ネクタイを
しめて います。
넥타이를 매고 있습니다.

ネックレスを
して います。
목걸이를 하고 있습니다.

ワイシャツを
着て います。
와이셔츠를
입고 있습니다.

ワンピースを
着て います。
원피스를
입고 있습니다.

ベルトを
しめて います。
벨트를 차고 있습니다.

ズボンを はいて います。
바지를 입고 있습니다.

靴を はいて います。
구두를 신고 있습니다.

문법 정리 포인트

9과~10과

1. 동사 정리표

기본형	종류	ます형 ~합니다	て형 ~하고	た형 ~했다	たり형 ~하기도 하고	たら형 ~하면
買_かう	1그룹 동사 （5 단 동 사）	買います	買って	買った	買ったり	買ったら
会_あう		会います	会って	会った	会ったり	会ったら
聞_きく		聞きます	聞いて	聞いた	聞いたり	聞いたら
行_いく		行きます	行って	行った	行ったり	行ったら
泳_{およ}ぐ		泳ぎます	泳いで	泳いだ	泳いだり	泳いだら
話_{はな}す		話します	話して	話した	話したり	話したら
待_まつ		待ちます	待って	待った	待ったり	待ったら
死_しぬ		死にます	死んで	死んだ	死んだり	死んだら
遊_{あそ}ぶ		遊びます	遊んで	遊んだ	遊んだり	遊んだら
読_よむ		読みます	読んで	読んだ	読んだり	読んだら
飲_のむ		飲みます	飲んで	飲んだ	飲んだり	飲んだら
作_{つく}る		作ります	作って	作った	作ったり	作ったら
乗_のる		乗ります	乗って	乗った	乗ったり	乗ったら
★帰_{かえ}る		★帰ります	★帰って	★帰った	★帰ったり	★帰ったら
見_みる	2그룹 동사 (상1단 하단 동사)	見ます	見て	見た	見たり	見たら
食_たべる		食べます	食べて	食べた	食べたり	食べたら
起_おきる		起きます	起きて	起きた	起きたり	起きたら
教_{おし}える		教えます	教えて	教えた	教えたり	教えたら
来_くる	3그룹(カ행 변격동사)	来_きます	来_きて	来_きた	来_きたり	来_きたら
する	3그룹(サ행 변격동사)	します	して	した	したり	したら

2. た형 활용 문법

① ~た ことが あります ~한 적이 있습니다

예 中国へ 行った ことが ありますか。 중국에 간 적이 있습니까?

② ~た 方が いいです ~하는 편이 좋습니다

예 朝 早く 起きた 方が いいです。 아침 일찍 일어나는 편이 좋습니다.

③ ~た ばかりです ~한 지 얼마 안 됐습니다

예 韓国へ 来た ばかりです。 한국에 온 지 얼마 안 됐습니다.

3. たり형 활용 문법

① 명사 : ~だったり

예 昼ごはんは ラーメンだったり パンだったり します。

점심은 라면이거나 빵이거나 합니다.

② い형용사 : い + かったり

예 日本語は おもしろかったり 難しかったり します。

일본어는 재밌기도 하고 어렵기도 합니다.

③ な형용사 : だ + だったり

예 田中さんは 親切だったり まじめだったり します。

다나카 씨는 친절하기도 하고 성실하기도 합니다.

④ 동사 : ~たり ~たり する

예 キムさんに 手紙を 書いたり 電話を かけたり します。

김 씨에게 편지를 쓰기도 하고 전화를 걸기도 합니다.

4. ~かも しれません ~(일)지도 모릅니다

① 명사 + かも しれません

> 예 キムさんが 犯人（はんにん）かも しれません。 김 씨가 범인일지도 모릅니다.

② い형용사 + かも しれません

> 예 ちょっと 高（たか）いかも しれません。 조금 비쌀지도 모릅니다.

③ な형용사 だ + かも しれません

> 예 あの レストランの 方（ほう）が もっと きれいかも しれません。
>
> 저 레스토랑 쪽이 더 깨끗할지도 모릅니다.

④ 동사 + かも しれません

> 예 明日（あした）は 雪（ゆき）が 降（ふ）るかも しれません。 내일은 눈이 내릴지도 모릅니다.

犯人（はんにん） 범인 | レストラン 레스토랑 | 雪（ゆき） 눈

5. 접속사 총정리

そして	그리고	ところで	그런데 (화제전환)
それで	그래서	それから	그리고, 그리고 나서
だから	그래서, 그러니까	では(=じゃ)	그럼, 그러면
でも	하지만, 그렇지만	それに	게다가

（1）

A: 何人家族ですか。 몇 식구입니까?

B: 父と 母と 妹と 私の ４人家族です。
아빠와 엄마와 여동생과 저, 네 가족입니다.

（2）

A: 何人兄弟ですか。 몇 형제입니까?

B: ３人兄弟です。 私は 末っ子です。
3형제예요. 저는 막내입니다.

（3）

A: 血液型は 何型ですか。 혈액형이 무슨 형입니까?

B: Ｂ型です。 B형입니다.

（4）

A: 明日は 何を しますか。 내일은 무엇을 합니까?

B: 明日は 友達と 一緒に 遊びに 行きます。
내일은 친구와 함께 놀러 갑니다.

（5）

A: 昨日は 何を しましたか。
어제는 무엇을 했습니까?

B: 昨日は 妹と 一緒に 映画を 見ました。
어제는 여동생과 함께 영화를 봤습니다.

（6）

A: 趣味は 何ですか。 취미는 무엇입니까?

B: 音楽を 聞く ことです。 음악듣기입니다.

（7）

A: 専攻は 何ですか。 전공은 무엇입니까?

B: 経営です。 경영입니다.

（8）

A: 何か 予定が ありますか。
뭔가 예정이 있습니까?

B: 大阪へ 旅行に 行く 予定です。
오사카에 여행하러 갈 예정입니다.

（9）

A: 食べる 前に 日本語で 何と いいますか。
먹기 전에 일본어로 뭐라고 합니까?

B:「いただきます」と いいます。
'이타다키마스(잘 먹겠습니다)'라고 합니다.

（10）

A: 寝る 前に 日本語で 何と いいますか。
자기 전에 일본어로 뭐라고 합니까?

B:「おやすみなさい」と いいます。
'오야스미나사이(안녕히 주무세요)'라고 합니다.

（11）

A: 朝の あいさつは 日本語で 何と いい
ますか。
아침 인사는 일본어로 뭐라고 합니까?

B:「おはようございます」と いいます。
'오하요고자이마스(안녕하세요)'라고 합니다.

（12）

A: 今 何を して いますか。

지금 무엇을 하고 있습니까?

B: 今 本を 読んで います。

지금 책을 읽고 있습니다.

（13）

A: 結婚して いますか。 결혼했습니까?

B: はい、結婚して います。 네, 결혼 했어요.

いいえ、結婚して いません。

아니요, 결혼 안 했습니다.

（14）

A: どこに 住んで いますか。

어디에 살고 있습니까?

B: 東京に 住んで います。 도쿄에 살고 있습니다.

（15）

A: どんな かっこうを して いますか。

어떤 옷차림을 하고 있습니까?

B: Ｔ－シャツを 着て ズボンを 履いて 靴を 履いて います。

티셔츠를 입고 바지를 입고 구두를 신고 있습니다.

（16）

A: 家から 学校まで どのぐらい かかり ますか。

집에서 학교까지 얼마나 걸립니까?

B: バスで ２０分ぐらい かかります。

버스로 20분정도 걸립니다.

（17）

A: 日本へ 行った ことが ありますか。

일본에 간 적이 있습니까?

B: はい、一度 あります。 네, 한 번 있습니다.

いいえ、一度も ありません。

아니요, 한 번도 없습니다.

（18）

A: 「ラブ」と いう 映画を 見た ことが ありますか。

'러브'라고 하는 영화를 본 적이 있습니까?

B: はい、あります。

とても おもしろかったです。

네, 있습니다. 매우 재미있었습니다.

（19）

A: どうしたら いいですか。

어떻게 하면 됩니까?

B: ゆっくり 休んだ 方が いいです。

푹 쉬는 편이 좋습니다.

（20）

A: 暇な 時は 何を しますか。

한가할 때는 무엇을 합니까?

B: 運動を したり 友達に 会ったり します。

운동을 하거나 친구를 만나거나 합니다.

초보자가 자주 틀리는 일본어

1과

1 机は ひとつしか ありません。(O)
　机は ひとつだけ ありません。(X)

2 机の 下に 猫が いっぴき います。(O)
　机の 下に 猫が いっぴき あります。(X)

3 キムさんの お父さんは 会社員です。(O)
　キムさんの 父は 会社員です。(X)

4 教室の 中に 学生が 一人 います。(O)
　教室の 中で 学生が 一人 います。(X)

2과

1 家へ 帰ります。(O)
　家へ 帰ます。(X)

2 部屋で 音楽を 聞きます。(O)
　部屋に 音楽を 聞きます。(X)

3 学校の 前で 木村さんを 待ちます。(O)
　学校の 前に 木村さんを 待ちます。(X)

4 友達に 会いました。(O)
　友達を 会いました。(X)

5 スーパーの 前で バスに 乗ります。(O)
　スーパーの 前で バスを 乗ります。(X)

6 旅行を します。(O)
　旅行を 行きます。(X)

3과

1 日本語の 先生に なりました。(O)
　日本語の 先生が なりました。(X)

2 山田さんは きれいに なりました。(O)
　山田さんは きれく なりました。(X)

4과 ~ 5과

1 音楽を 聞きながら 勉強を します。(O)
　音楽を 聞くながら 勉強を します。(X)

2 この 漢字の 読み方が わかりません。(O)
　この 漢字の 読み方を わかりません。(X)

3 私は 日本へ 行きたいです。(O)
　私は 日本へ 行くたいです。(X)

4 私は 医者に なりたいです。(O)
　私は 医者が なりたいです。(X)

5 田中さんに 会いたいです。(O)
　田中さんを 見たいです。(X)

6과 ~ 7과

1 今 何を して いますか。(O)
　今 何を しって いますか。(X)

2 すしを 食べて います。(O)
　すしを 食べって います。(X)

3 手紙を 書いて います。(O)
　手紙を 書って います。(X)

4 映画を 見て います。(O)
映画を 見って います。(X)

5 家へ 帰って テレビを 見ました。(O)
家へ 帰て テレビを 見ました。(X)

6 友達と いっしょに (O)
友達と いっしょうに (X)

7 コーヒーを 飲んで います。(O)
コーヒーを 飲んて います。(X)

8 キムさんは 結婚して いますか。(O)
キムさんは 結婚しましたか。(X)

9 お風呂に 入る (O)
お風呂を 入る (X)

10 スカートを はいて います。(O)
スカートを 着て います。(X)

8과

1 弟は 日本へ 行きたがって います。(O)
弟は 日本へ 行きたいです。(X)

2 何が ほしいですか。(O)
何を ほしいですか。(X)

3 一日中 - いちにちじゅう (O)
一日中 - いちにちちゅう (X)

4 日本の ドラマが 好きなので 勉強して います。(O)
日本の ドラマが 好きので 勉強して います。(X)

5 写真を 撮っても いいですか。(O)
写真を 撮っても なりますか。(X)

9과

1 私が 日本へ 行った 時 撮った 写真です。(O)
私が 日本へ 行く 時 撮った 写真です。(X)

2 韓国へ 来た ばかりです。(O)
韓国へ 来て ばかりです。(X)

10과

1 暇な 時は 何を しますか。(O)
暇の 時は 何を しますか。(X)

2 高かったり 安かったり します。(O)
高いかったり 安いかったり します。(X)

3 便利だったり 不便だったり します。(O)
便利かったり 不便かったり します。(X)

4 元気かも しれません。(O)
元気だかも しれません。(X)

5 行ったり 来たり します。(O)
来たり 行ったり します。(X)

어휘 총정리

1과

- [ ] 頭(あたま)が いい 머리가 좋다
- [ ] 兄(あに) 형, 오빠
- [ ] 姉(あね) 누나, 언니
- [ ] 医者(いしゃ) 의사
- [ ] 椅子(いす) 의자
- [ ] 妹(いもうと) 여동생
- [ ] 院長(いんちょう) 원장
- [ ] 家(うち/いえ) 집
- [ ] 鉛筆(えんぴつ) 연필
- [ ] 多(おお)い 많다
- [ ] お金(かね) 돈
- [ ] 奥(おく)さん 부인
- [ ] 弟(おとうと) 남동생
- [ ] 男(おとこ)の人(ひと) 남자
- [ ] 女(おんな)の人(ひと) 여자
- [ ] 会社(かいしゃ) 회사
- [ ] 会長(かいちょう) 회장
- [ ] かき 감
- [ ] 家族(かぞく) 가족
- [ ] 学校(がっこう) 학교
- [ ] 彼女(かのじょ) 그녀, 여자 친구
- [ ] 兄弟(きょうだい) 형제
- [ ] 銀行員(ぎんこういん) 은행원
- [ ] 車(くるま) 차
- [ ] 校長(こうちょう) 교장
- [ ] 交通(こうつう) 교통
- [ ] 皿(さら) 접시
- [ ] ～しか ありません ～밖에 없습니다
- [ ] ～しか いません ～밖에 없습니다
- [ ] 自転車(じてんしゃ) 자전거
- [ ] します 합니다

- [ ] 社長(しゃちょう) 사장
- [ ] 主人(しゅじん) 남편
- [ ] 主婦(しゅふ) 주부
- [ ] 紹介(しょうかい) 소개
- [ ] 上手(じょうず)だ 잘한다
- [ ] 食堂(しょくどう) 식당
- [ ] 新聞(しんぶん) 신문
- [ ] ～ずつ ～씩
- [ ] 背(せ)が 高(たか)い 키가 크다
- [ ] 全部(ぜんぶ) 전부
- [ ] 祖父(そふ) 할아버지
- [ ] 祖母(そぼ) 할머니
- [ ] ～台(だい) ～대
- [ ] 大学院(だいがくいん) 대학원
- [ ] 大事(だいじ)だ 중요하다, 소중하다
- [ ] 大変(たいへん)だ 힘들다, 큰일이다
- [ ] ～だけ ～만, ～뿐
- [ ] 父(ちち) 아버지
- [ ] 机(つくえ) 책상
- [ ] 妻(つま) 처, 아내
- [ ] ～と ～와(과)
- [ ] 中(なか) 안, 속
- [ ] 何人(なんにん) 몇 명
- [ ] ～ので ～(이)니까, ～(이)기 때문에
- [ ] 箱(はこ) 상자
- [ ] 母(はは) 어머지
- [ ] ハンサムだ 잘 생기다
- [ ] 人(ひと) 사람
- [ ] 一人(ひとり)っ子(こ) 독자, 외동이
- [ ] 部長(ぶちょう) 부장
- [ ] 前(まえ) 앞
- [ ] まじめだ 성실하다
- [ ] 息子(むすこ) 아들

어휘 총정리

□ 娘(むすめ) 딸
□ 無理(むり)だ 무리이다, 힘들다
□ ～も ～(이)나, ～도
□ 約束(やくそく) 약속
□ 優(やさ)しい 자상하다, 상냥하다
□ 休(やす)み 휴식, 휴일
□ 家賃(やちん) 집세
□ 4人(よにん) 4명
□ 両親(りょうしん) 부모, 양친
□ りんご 사과
□ 6人(ろくにん) 6명

2과

□ 会(あ)う 만나다
□ 朝(あさ) 아침
□ 朝(あさ)ごはん 아침밥
□ 遊(あそ)ぶ 놀다
□ あまり 별로, 그다지
□ 行(い)く 가다
□ インタビューテスト 인터뷰 시험
□ 家(うち)へ 帰(かえ)る 집에 돌아오(가)다
□ 映画(えいが)を 見(み)る 영화를 보다
□ 英語(えいご) 영어
□ 英語(えいご)で 話(はな)す 영어로 이야기하다
□ 起(お)きる 일어나다
□ お酒(さけ)を 飲(の)む 술을 마시다
□ 教(おし)える 가르치다
□ 音楽(おんがく)を 聞(き)く 음악을 듣다
□ 買(か)い物(もの)を する 쇼핑을 하다
□ 会話(かいわ) 회화
□ 買(か)う 사다

□ 帰(かえ)る 돌아오다(가다)
□ 書(か)く 쓰다
□ 韓国(かんこく)へ 来(く)る 한국에 오다
□ 昨日(きのう) 어제
□ 金曜日(きんようび) 금요일
□ 来(く)る 오다
□ 新聞(しんぶん)を 読(よ)む 신문을 읽다
□ する 하다
□ 食(た)べる 먹다
□ 誕生日(たんじょうび) 생일
□ 通話(つうわ) 통화
□ ～で ～에서
□ デパート 백화점
□ 電話(でんわ) 전화
□ ～と 一緒(いっしょ)に ～와(과) 함께
□ 図書館(としょかん) 도서관
□ 友達(ともだち) 친구
□ 何(なに) 무엇
□ ～に 会(あ)う ～을(를) 만나다
□ 日曜日(にちようび) 일요일
□ 日本語学校(にほんごがっこう) 일본어 학교
□ 寝(ね)る 자다
□ 飲(の)む 마시다
□ 乗(の)る 타다
□ パーティー 파티
□ バスに 乗(の)る 버스를 타다
□ 話(はな)す 이야기하다
□ 早(はや)く 일찍, 빨리
□ パンを 作(つく)る 빵을 만들다
□ プレゼント 선물
□ ～へ[e] ～에
□ 部屋(へや) 방
□ 勉強(べんきょう) 공부

□ 本屋(ほんや) 서점

□ 本(ほん)を 読(よ)む 책을 읽다

□ 毎朝(まいあさ) 매일 아침

□ 待(ま)つ 기다리다

□ 見(み)る 보다

□ メールを 書(か)く 메일을 쓰다

□ 読(よ)む 읽다

□ 来週(らいしゅう) 다음 주

□ レポートを 書(か)く 리포트를 쓰다

3과

□ 犬(いぬ) 개

□ うち 우리

□ 運動(うんどう) 운동

□ 会議(かいぎ) 회의

□ 買(か)い物(もの) 쇼핑

□ かばん 가방

□ 教室(きょうしつ) 교실

□ 靴(くつ) 구두

□ 〜く なる 〜하게 되다, 〜해지다

□ 恋人(こいびと) 애인

□ このあいだ 요전번, 지난번

□ サービス 서비스

□ 最近(さいきん) 최근, 요즘

□ サッカー 축구

□ 寒(さむ)い 춥다

□ 散歩(さんぽ) 산책

□ 試合(しあい) 시합

□ 写真(しゃしん) 사진

□ 週末(しゅうまつ) 주말

□ 宿題(しゅくだい) 숙제

□ 食事(しょくじ) 식사

□ ずいぶん 꽤, 많이

□ 成績(せいせき) 성적

□ 先週(せんしゅう) 지난주

□ 大学生(だいがくせい) 대학생

□ 大変(たいへん) 매우, 대단히

□ 誰(だれ) 누구

□ デート 데이트

□ テスト 시험

□ 出(で)る 나오다

□ テレビ 텔레비전

□ 何(なに)か 뭔가

□ 〜に 行(い)く 〜하러 가다

□ にぎやかだ 번화하다

□ 〜に なる 〜이(가) 되다

□ 値段(ねだん) 가격

□ ノート 노트

□ 花見(はなみ) 꽃구경, 꽃놀이

□ 本当(ほんとう)に 정말로

□ 町(まち) 마을

□ 店(みせ) 가게

□ 問題(もんだい) 문제

□ 有名(ゆうめい)だ 유명하다

□ 〜より 〜보다

□ 料理(りょうり) 요리

□ 旅行(りょこう) 여행

□ レストラン 레스토랑

□ 話題(わだい) 화제

어휘 총정리

4과

- ☐ 明日(あした) 내일
- ☐ いつ 언제
- ☐ 海(うみ) 바다
- ☐ 音楽(おんがく) 음악
- ☐ ~が ~(이)지만
- ☐ 簡単(かんたん)だ 간단하다
- ☐ 月曜日(げつようび) 월요일
- ☐ 公園(こうえん) 공원
- ☐ コーヒー 커피
- ☐ 今度(こんど) 이번
- ☐ 最初(さいしょ) 최초, 처음
- ☐ さしみ 회
- ☐ 試験(しけん) 시험
- ☐ 実(じつ)は 사실은, 실은
- ☐ 主人公(しゅじんこう) 주인공
- ☐ 上手(じょうず)に 능숙하게
- ☐ 女性(じょせい) 여성
- ☐ すし 초밥
- ☐ 性格(せいかく) 성격
- ☐ 性別(せいべつ) 성별
- ☐ 専攻(せんこう) 전공
- ☐ それで 그래서
- ☐ ~たい ~하고 싶다
- ☐ だから 그러니까
- ☐ 男性(だんせい) 남성
- ☐ ~つもり ~할 생각(예정, 작정)
- ☐ ~て います ~하고 있습니다
- ☐ ~でも ~든지, ~라도
- ☐ なる 되다
- ☐ ~に する ~로 하다
- ☐ 日本語教室(にほんごきょうしつ) 일본어 교실

- ☐ 日本語(にほんご)で 話(はな)す 일본어로 이야기하다
- ☐ はじめて 처음
- ☐ 場所(ばしょ) 장소
- ☐ 飛行機(ひこうき) 비행기
- ☐ 毎日(まいにち) 매일
- ☐ ~ましょう ~합시다
- ☐ ~ませんか ~하지 않겠습니까?
- ☐ 難(むずか)しい 어렵다
- ☐ メニュー 메뉴
- ☐ 予定(よてい) 예정
- ☐ 来年(らいねん) 내년

5과

- ☐ 明(あか)るい 밝다
- ☐ 秋葉原(あきはばら) 아키하바라 (지명)
- ☐ 開(あ)ける 열다
- ☐ 足(あし) 다리, 발
- ☐ 頭(あたま) 머리
- ☐ 新(あたら)しい 새롭다
- ☐ アパート 아파트
- ☐ 歩(ある)く 걷다
- ☐ いろいろな 여러 가지
- ☐ 選(えら)ぶ 고르다, 선택하다
- ☐ 遠足(えんそく) 소풍
- ☐ お腹(なか)が 痛(いた)い 배가 아프다
- ☐ 覚(おぼ)えて ください 외우세요, 외워 주세요
- ☐ かかる (시간이)걸리다
- ☐ 歌手(かしゅ) 가수
- ☐ 風(かぜ)が 強(つよ)い 바람이 세다
- ☐ カタカナ 가타카나
- ☐ ~から ~(이)니까, ~(이)기 때문에

☐ カラオケ 노래방
☐ カメラ 카메라
☐ 漢字(かんじ) 한자
☐ 気分(きぶん)が 悪(わる)い 기분이 좋지 않다, 속이 좋지 않다
☐ ～ぐらい ～정도
☐ 結局(けっきょく) 결국
☐ 探(さが)して みました 찾아 봤습니다
☐ 手術(しゅじゅつ) 수술
☐ 趣味(しゅみ) 취미
☐ 手話(しゅわ) 수화
☐ 白(しろ)い 하얗다
☐ 好(す)きだ 좋아하다
☐ スニーカー 스니커즈, 운동화
☐ 背(せ)も 高(たか)い 키도 크다
☐ 選手(せんしゅ) 선수
☐ たくさん 많이
☐ 正(ただ)しい 바르다
☐ 建物(たてもの) 건물
☐ 単語(たんご) 단어
☐ 使(つか)い方(かた) 사용법
☐ 使(つか)う 사용하다, 쓰다
☐ 次(つぎ) 다음
☐ デザイン 디자인
☐ デジカメ 디지털카메라
☐ ～でしょう ～겠죠, 이죠 (추측)
☐ 天気(てんき) 날씨
☐ ～と 読(よ)む ～라고 읽는다
☐ どう 어떻게
☐ 名前(なまえ) 이름
☐ 習(なら)う 배우다
☐ のど 목, 목구멍
☐ パイナップル 파인애플
☐ ハイヒール 하이힐

☐ バスで 버스로
☐ 話(はな)す 이야기하다
☐ バナナ 바나나
☐ ピアノを 弾(ひ)く 피아노를 치다
☐ ひとつ 한 개
☐ ひらがな 히라가나
☐ 広(ひろ)い 넓다
☐ 便利(べんり)だ 편리하다
☐ ペン 펜
☐ 窓(まど) 창문
☐ みんな 모두
☐ 役(やく)に 立(た)つ 도움이 되다
☐ 夕(ゆう)ごはん 저녁밥
☐ 読(よ)み方(かた) 읽는 법
☐ 悪(わる)い 나쁘다
☐ ～んです ～하는 겁니다, ～인데요, ～인 것입니다

6과

☐ 朝早(あさはや)く 아침 일찍
☐ 洗(あら)う 씻다
☐ 一番(いちばん) 1번, 제일
☐ 歌(うた)を 歌(うた)う 노래를 부르다
☐ 映画館(えいがかん) 영화관
☐ MP3(エムピースリー)を 聞(き)く MP3를 듣다
☐ 演劇(えんげき) 연극
☐ 踊(おど)る 춤추다
☐ 泳(およ)ぐ 헤엄치다
☐ 顔(かお)を 洗(あら)う 세수를 하다
☐ かける 걸다
☐ 聞(き)く 듣다, 묻다
☐ ギターを 弾(ひ)く 기타를 치다

어휘 총정리

☐ 仕事(しごと)が 終(お)わる 일이 끝나다

☐ 死(し)ぬ 죽다

☐ 順番(じゅんばん) 순번

☐ 親切(しんせつ)だ 친절하다

☐ 吸(す)う 피우다, 빨다

☐ それから 그리고, 그러고 나서

☐ 作(つく)る 만들다

☐ 出(で)る 나가다

☐ 電気(でんき)を つける 불을 켜다

☐ 電話番号(でんわばんごう) 전화번호

☐ ドア 문

☐ 友達(ともだち)に 会(あ)う 친구를 만나다

☐ 撮(と)る 찍다

☐ 〜に 〜에게

☐ 働(はたら)く 일하다

☐ 晴(は)れ 맑음

☐ パン 빵

☐ 番組(ばんぐみ) TV 프로그램

☐ 番号(ばんごう) 번호

☐ 本(ほん)を 読(よ)む 책을 읽다

☐ メール 메일

☐ 休(やす)む 쉬다

☐ やっぱり 역시

☐ 呼(よ)ぶ 부르다

☐ 留学(りゅうがく) 유학

7과

☐ 青(あお)い 파랗다

☐ 赤(あか)い 빨갛다

☐ 雨(あめ)が 降(ふ)る 비가 내리다

☐ 行(い)きましょう 갑시다

☐ 夫(おっと) 남편

☐ 傘(かさ) 우산

☐ 風(かぜ)が 吹(ふ)く 바람이 불다

☐ かっこう 옷차림, 모습

☐ 去年(きょねん) 작년

☐ 靴(くつ)を はく 구두를 신다

☐ 結婚(けっこん) 결혼

☐ 自営業(じえいぎょう) 자영업

☐ 自己(じこ) 자기

☐ 自分(じぶん) 자신

☐ 自慢(じまん) 자랑

☐ 小説(しょうせつ) 소설

☐ スーツを 着(き)る 양복을 입다

☐ スカート 스커트

☐ ズボン 바지

☐ ズボンを はく 바지를 입다

☐ セーター 스웨터

☐ 近(ちか)く 근처

☐ 妻(つま) 처, 아내

☐ 出逢(であ)う 만나다

☐ 東京(とうきょう) 도쿄

☐ 〜に 住(す)む 〜에 살다

☐ ネクタイ 넥타이

☐ ネクタイを しめる 넥타이를 매다

☐ ピアスを する 귀고리를 하다

☐ 独(ひと)り暮(ぐ)らし 혼자 삶, 독신 생활

☐ 一人(ひとり)で 혼자서

☐ ブラウス 블라우스

☐ ブラウスを 着(き)る 블라우스를 입다

☐ ベルト 벨트

☐ 帽子(ぼうし)を かぶる 모자를 쓰다

☐ ホテル 호텔

☐ 眼鏡(めがね)を かける 안경을 쓰다

- ☐ 持(も)つ 갖다, 들다
- ☐ 予約(よやく) 예약
- ☐ ワンピース 원피스

8과

- ☐ 以下(いか) 이하
- ☐ 以外(いがい) 이외
- ☐ 以上(いじょう) 이상
- ☐ 忙(いそが)しい 바쁘다
- ☐ 一日中(いちにちじゅう) 하루 종일
- ☐ 以内(いない) 이내
- ☐ うらやましい 부럽다
- ☐ お風呂(ふろ)に 入(はい)る 목욕하다
- ☐ 頑張(がんば)る 노력하다, 열심히 하다
- ☐ 気(き)に 入(い)る 마음에 들다
- ☐ 子供(こども) 아이
- ☐ こわい 무섭다
- ☐ 探(さが)す 찾다
- ☐ 時間(じかん) 시간
- ☐ スポーツクラブ 스포츠 클럽
- ☐ 座(すわ)る 앉다
- ☐ 全部(ぜんぶ) 전부
- ☐ 〜たがる 〜하고 싶어하다
- ☐ つれる 동반하다, 데리고 가다
- ☐ できません 못 합니다, 할 수 없습니다
- ☐ 〜と 思(おも)います 〜라고 생각합니다
- ☐ 所(ところ) 곳
- ☐ 止(と)める 세우다
- ☐ なかなか 좀처럼
- ☐ 泣(な)く 울다
- ☐ 〜に 通(かよ)う 〜에 다니다

- ☐ ビール 맥주
- ☐ ひらがなで 히라가나로
- ☐ 不動産屋(ふどうさんや) 부동산
- ☐ もちろん 물론
- ☐ やせる 야위다, 살 빠지다
- ☐ 忘(わす)れる 잊다

9과

- ☐ アメリカ 미국
- ☐ 一度(いちど)も 한 번도
- ☐ 一日(いちにち) 하루
- ☐ 家(うち)を 出(で)る 집을 나오다
- ☐ 会議(かいぎ) 회의
- ☐ 韓国(かんこく) 한국
- ☐ 空港(くうこう) 공항
- ☐ くもり 흐림
- ☐ 芸能人(げいのうじん) 연예인
- ☐ 現実(げんじつ) 현실
- ☐ 現代(げんだい) 현대
- ☐ ご飯(はん) 밥
- ☐ 静(しず)かだ 조용하다
- ☐ 実現(じつげん) 실현
- ☐ 書類(しょるい) 서류
- ☐ 知(し)りませんでした 몰랐습니다
- ☐ タクシー 택시
- ☐ 〜た 時(とき) 〜했을 때
- ☐ 〜た ばかりだ 갓 〜하다, 막 〜하다
- ☐ 着(つ)く 도착하다
- ☐ 〜て おく 〜해 두다
- ☐ 手紙(てがみ) 편지
- ☐ どうしたら いいですか 어떻게 하면 되겠습니까?

어휘 총정리

□ 同僚(どうりょう) 동료

□ ときどき 때때로

□ ところで 그런데

□ ドラマ 드라마

□ ～に ついて ～에 대해서

□ ～に 着(つ)く ～에 도착하다

□ ～に 乗(の)る ～을(를) 타다

□ 始(はじ)める 시작하다

□ バス 버스

□ 飛行機(ひこうき)に 乗(の)る 비행기를 타다

□ 美術館(びじゅつかん) 미술관

□ 病院(びょういん) 병원

□ 表現(ひょうげん) 표현

□ 昼(ひる)ご飯(はん) 점심밥

□ プロジェクト 프로젝트

□ ゆっくり 休(やす)む 푹 쉬다

□ 立派(りっぱ)だ 훌륭하다

□ ～た 方(ほう)が いい ～하는 편이 낫다

□ 楽(たの)しい 즐겁다

□ 朝食(ちょうしょく) 조식, 아침밥

□ つまらない 재미없다, 시시하다

□ ～と いう ～라는, ～라고 하는

□ 時(とき) 때

□ 晴(は)れる 맑다, 개다

□ 反動(はんどう) 반동

□ 久(ひさ)しぶりに 오랜만에

□ 暇(ひま)だ 한가하다

□ 不便(ふべん)だ 불편하다

□ やって みる 해 보다

□ やる 하다

□ ラブ 러브

□ 笑(わら)う 웃다

10과

□ 一度(いちど) 한 번

□ ～かも しれません ～일지도 모릅니다

□ 感動(かんどう) 감동

□ 感動的(かんどうてき) 감동적

□ 曇(くも)る 흐리다

□ 香水(こうすい) 향수

□ 行動(こうどう) 행동

□ 心(こころ) 마음

□ 知(し)る 알다

□ すぐ 곧, 금방

□ ぜひ 꼭

□ ～た ことが ある ～한 적이 있다

음원 파일 리스트

Memo